Arthur Desjardins

Les Mines
et les Mineurs

Essai

ISBN : 978-1981866489

10 9 8 7 6 5 4 3 2 1

Arthur Desjardins

Les Mines et les Mineurs

Essai

Table de Matières

Introduction	6
Section I	7
Section II	27
Section III	32
Notes	56

Introduction

La propriété minière et l'industrie des mines sont, en ce moment, attaquées dans notre pays. D'une part, les ouvriers mineurs font de grands efforts pour démontrer que la société ne saurait sans injustice s'abstenir plus longtemps de prendre en main leur cause. Un certain nombre d'entre eux ont présenté, d'ailleurs avec beaucoup de talent et d'habileté, le tableau des réformes qu'ils jugent indispensables, dans une brochure imprimée en vertu de la résolution de la chambre syndicale de Saint-Etienne, du 25 décembre 1882, sous ce titre : *les Cahiers de doléances des mineurs français*. D'autre part, la chambre des députés est, depuis deux ans, assaillie par plusieurs de ses membres de propositions qui s'appliquent à deux ordres de faits différents. Les premières modifient gravement la législation des mines afin d'améliorer la situation des mineurs : ce sont les projets déposés le 11 novembre 1882 par MM. F. Faure et M. Nadaud, le 21 novembre 1882 par MM. Reyneau et Gilliot, le 23 et le 28 novembre 1882 par M. Waldeck-Rousseau et trente-cinq de ses collègues, le 30 novembre 1882 par M. E. Brousse et cinquante-deux de ses collègues, le 13 mars 1883 par MM. Marius Chavanne et Girodet. Il s'agit à la fois de garantir par de nouveaux règlements « l'hygiène et la sécurité du travail » soit dans les mines, soit dans les manufactures et dans les chantiers ; de réduire la durée du travail dans les mines ; de renvoyer les contestations qui peuvent naître entre les exploitants et leurs ouvriers devant des conseils spéciaux de prud'hommes ; d'instituer des « délégués mineurs » qui seraient à la fois chargés de contrôler les travaux des mines et de constater les accidents ; enfin d'imposer dans de certaines conditions la création de caisses de secours et de retraite. Les projets de loi déposés le 15 mars 1884 : 1° par M. Girodet ; 2° par MM. E. Brousse et Giard sont plus radicaux, et visent directement la propriété minière. Il s'agit de déposséder les concessionnaires au profit de l'état.

Bien que ces dernières propositions soient, dans l'ordre chronologique, les dernières dont le parlement ait été saisi, nous les examinerons d'abord. Elles embrassent, en effet, un horizon plus large. Si la propriété des mines doit faire retour à l'état, il est assez inutile d'examiner à quelles conditions l'état subordonne le maintien des concessions.

Section I

On lit dans l'exposé des motifs de la proposition présentée par MM. Brousse et Giard : « La loi de 1810 est une loi faite au préjudice de la nation propriétaire des richesses minérales renfermées dans les entrailles de la terre et au profit de quelques privilégiés qui amassent des fortunes considérables dont la nation devrait jouir. Ces privilégiés cèdent leurs droits à des capitalistes avec lesquels l'état n'a jamais traité ; de telle sorte qu'il se forme deux catégories de citoyens, dont l'une est toute-puissante et maîtresse souveraine, tandis que l'autre est soumise et souvent opprimée. La république, si elle ne veut pas être une étiquette trompeuse, doit remettre les choses à leur place : elle rendra à la collectivité ce qui a été ravi à la collectivité ; elle fera bénéficier le pays des produits immenses de l'exploitation minière ; elle prendra cette mesure dans l'intérêt public et afin d'assurer la concorde et le bien-être dans l'avenir. » La question est nettement posée. Les collectivistes déclarent l'état seul propriétaire des mines et lui confèrent tous les attributs de la propriété sur le tréfonds minéral ; ils lui reconnaissent le droit, ils vont jusqu'à lui imposer l'obligation d'en percevoir les revenus à son profit exclusif. C'est ce qu'on nomme, dans la langue des jurisconsultes, le système du « droit domanial. »

Tous les économistes et la plupart des jurisconsultes s'accordent pour combattre ce système, mais non pour déterminer le fondement de la propriété minière. Un grand nombre d'entre eux, surtout parmi les jurisconsultes, enseignent que la mine appartient de plein droit au propriétaire du sol. C'est l'avis qu'avait embrassé, avec une très grande ardeur, l'empereur Napoléon, dans les travaux préparatoires de la loi du 21 avril 1810. On lisait dans *son* code civil, qu'il aimait et admirait par-dessus tout : « La propriété du sol emporte la propriété du dessus et du dessous. » Il s'attachait à cette maxime, et n'entendait pas laisser ouvrir une brèche dans le monument qu'il avait élevé. Le conseil d'état ayant ainsi rédigé l'article 5 du projet primitif : « Les mines sont des biens qui n'appartiennent à personne ; les propriétaires de la surface seuls y ont un droit acquis, » il critiqua cette rédaction dans la séance du 9 janvier 1810 : « Il est contradictoire, dit-il, de déclarer que les mines n'appartiennent à personne et que cependant le propriétaire de la surface y a droit… Il faut établir en principe que le propriétaire du dessus l'est aussi du dessous, à moins que le dessous ne soit concédé à un autre, auquel cas il reçoit une indemnité à raison de la privation de la jouissance du dessous. » On se remit à l'œuvre, et les articles 5 et 6 du projet reçurent la forme qu'ils ont définitivement gardée [1]. Le conseiller d'état Regnault de Saint-Jean-d'Angely se borna, dans son exposé des motifs, à développer la pensée de l'empereur, et le comte Stanislas de Girardin répéta dans son rapport au corps législatif (14 avril 1810) : « Les droits résultant de la propriété du sol, définis par l'article 552 du code civil, sont réservés par le projet, et cette réserve, qui concilie la loi sur les mines avec le code civil, l'associe en quelque sorte à ses hautes destinées. »

Cependant, en dépit des commentaires officiels, la loi de 1810 ne fut pas ainsi comprise et, quand on vint à l'exécution, les idées de l'empereur ne prévalurent pas. Au demeurant, tandis que la loi de 1791 avait conféré aux propriétaires de la surface un droit de préférence à l'encontre de tout demandeur en concession, les nouveaux textes le leur étaient, et l'état put, légalement, disposer à sa guise du tréfonds minéral. Il s'en fallut d'ailleurs que, dans la pratique, on « réglât, » on « purgeât, » suivant les expressions de Regnault de Saint-Jean-d'Angely, les droits des superficiaires en leur donnant, conformément à la promesse impériale, une indemnité calculée sur « la privation » de jouissance du dessous : la redevance payée par le concessionnaire au propriétaire du sol fut ordinairement, en fait, réglée à 0 fr. 10 par hectare de terrain concédé. Michel Chevalier, dans une réunion de la Société d'économie politique, a caractérisé la loi de 1810, ainsi entendue, avec beaucoup de finesse : « Ce n'est qu'un simple coup de chapeau à l'article 552 du code civil. » La cour de cassation en vint à dire, dès le 8 août 1839, non-seulement que la propriété des mines dérive de la concession faite par l'autorité publique, mais encore « que cette matière a pour règle les lois qui la régissent, non l'article 552 du code civil. » La redevance tréfoncière cessa d'être un prix payé au propriétaire exproprié et, comme on remarqua que la superposition d'une propriété superficielle et d'une propriété souterraine entraînait pour la première des charges, des obligations, des dommages éventuels, fut peu à peu envisagée par la majorité des jurisconsultes comme une simple indemnité de dépréciation.

Nous montrerons bientôt pourquoi l'état ne doit pas occuper les mines ou en disposer à titre de propriétaire. Mais nous sommes loin de lui refuser un droit fort étendu de surveillance, même un certain droit de disposition sur cette partie de la richesse nationale. et les individualistes à outrance qui s'aviseraient de le lui contester feraient, à notre avis, la partie trop belle aux collectivistes. Nous touchons précisément au point délicat du débat philosophique et juridique. Voici qu'apparaît une nouvelle propriété minière. L'état peut et doit intervenir, comme tuteur de la fortune publique et représentant des intérêts généraux. Mais son droit n'est-il pas limité par le droit individuel ? S'il en est ainsi, par quel droit et jusqu'à quel point ?

D'abord il nous paraît bien difficile de s'attacher à cette maxime du code civil : La propriété du sol emporte celle du dessous. Ce n'est pas qu'un tel régime soit nécessairement incompatible avec une bonne exploitation du tréfonds minéral, puisque la race anglo-saxonne l'a pratiqué soit en Europe, soit en Amérique avec un incontestable succès. Mais un jurisconsulte anglais ne pourra jamais justifier le droit « d'accession » qu'à l'aide d'arguments historiques, par exemple en racontant comment la couronne, autrefois investie de la propriété minière, s'en est peu à peu dessaisie au profit des propriétaires du sol, de même qu'un Français se bornerait à dire : « On n'a pas voulu toucher au code civil. » Or, dans ce pays épris de logique, où des parchemins ne suffisent pas à fonder le droit, où le *mos majorum* a été balayé par tant de révolutions, c'est mal défendre, en ce point, la propriété individuelle que de vouloir fermer la bouche aux diverses écoles socialistes avec un lambeau du code civil et deux phrases de Napoléon.

La propriété individuelle est fille du travail individuel. L'homme transmet aux objets du monde extérieur le mouvement issu de son effort et de sa volonté propre ; il y applique, il y « emmagasine » la force de ses muscles ; il leur communique parfois ce qu'il y a de plus immatériel dans son être et dans son essence ; il souffle à son tour sur l'argile et l'anime. Il ne crée pas, sans doute, et s'il fallait, pour être propriétaire, avoir tiré les objets du néant, il n'y aurait de propriété ni au profit d'un seul, ni au profit de tous ; mais il transforme le monde créé. Il pense, veut, agit et se l'assimile ; il : en devient propriétaire comme il l'est de son âme et de ses membres.

Or celui qui défricha le premier, dans la vieille Europe, un champ vacant et stérile, loin de chercher à extraire des profondeurs du sol les richesses minérales qu'il pouvait renfermer, n'en soupçonna pas même l'existence. C'est ce qu'avait nettement aperçu notre grand jurisconsulte Domat : « Le droit du propriétaire du sol, dans son origine, dit-il, a été borné à l'usage de son héritage pour y semer, planter ou bâtir ; son titre n'a pas supposé un droit sur les mines, qui étaient inconnues. » Lorsque ce premier propriétaire usa plus tard du droit de transmission, il ne transmit pas plus qu'il n'avait acquis lui-même. À leur tour, les successeurs de son premier acquéreur ou de son héritier ne purent intervertir leur titre et devenir tout à coup propriétaires des mines par cela seul qu'ils avaient entrevu, à un moment donné, l'existence d'un tréfonds minéral et le profit à tirer de son exploitation[2]. C'est pourquoi l'état ne nous semble pas même astreint à donner, dans ses concessions, la préférence au maître du sol. Nous ne croyons pas avec le législateur belge que, « lorsque le propriétaire de la surface possède tous les moyens nécessaires pour exploiter d'une manière utile et conforme à l'intérêt général la mine qui se trouve dans son terrain, il n'y a plus de raison pour accorder cette mine à une autre personne. » Qu'a donc fait le superficiaire pour mériter, comme superficiaire, une telle récompense ? Par quel coup du sort, s'étant croisé les bras, verrait-il en un jour doubler, décupler son patrimoine ? De quel droit éliminerait-il l'inventeur ? Que lui doit la collectivité, sinon le dédommagement de quelques charges ou des préjudices causés par les travaux d'exploration ou d'exploitation ?

Turgot donnait la mine à l'inventeur. Celui-ci peut dire, en effet : Sans moi, ces métaux restaient enfouis dans les entrailles de la terre ; j'ai créé cette valeur nouvelle : donc c'est à moi qu'elle appartient. Ce raisonnement est sérieux, et Mirabeau, quoiqu'il l'ait combattu dans un de ses discours avec une rare éloquence, ne l'a pas complètement réfuté. Si quelqu'un peut réclamer un droit de préférence à la concession, c'est, à notre avis, l'inventeur qui vient de rendre un service à la société. Celle-ci n'est pas rigoureusement astreinte à le récompenser en lui abandonnant la propriété de sa découverte, la valeur étant plutôt signalée que créée et cette mine ne pouvant pas être encore regardée, par cela seul qu'un homme la révèle aux autres, comme « l'équivalent extérieur de sa force intérieure et de son activité ; » mais elle aurait tort de ne pas le faire quand l'inventeur sera capable d'exploiter ou, d'une façon plus générale, si l'on veut, toutes les fois que l'intérêt public ne s'opposera pas à cette investiture.

Nous ne croyons pas que les auteurs du projet de règlement sur le régime des mines de l'Annam et du Tonkin se soient trompés lorsque, divisant le tréfonds de ces deux pays en mines inconnues et connues, ils ont, quant aux premières, appliqué les idées de Turgot. On s'attachait, en France, depuis un siècle, à l'objection surannée de Mirabeau : comme il est impossible de préciser au juste le droit de l'inventeur et de l'étendre à toutes les dépendances de la mine, même à celles qu'il n'a pas entrevues ni soupçonnées, d'autres occupants, disait-on, ne manqueront pas d'apparaître et se présenteront à la fois sur divers points ; on aboutirait donc, puisqu'il est impossible d'exploiter les gîtes minéraux si l'on n'a pas un champ suffisant d'exploitation, à la subdivision indéfinie du tréfonds minéral, à des conflits sans issue et au gaspillage. L'exemple de plusieurs nations contemporaines, au premier rang desquelles il faut placer la Prusse, absout l'économiste et ferme la bouche à l'orateur. La commission des mines de l'Annam et du Tonkin vient de résoudre cette partie du problème, comme on l'avait résolue en Prusse il y a vingt ans, c'est-à-dire par la délimitation faite d'après les données de la science technique et les leçons de l'expérience, du périmètre réservé à l'explorateur [3].

Quel est donc, dans l'extrême Orient, notre premier intérêt ? C'est que les mines inconnues soient découvertes. Pour atteindre ce but, il faut trouver le meilleur moyen d'en provoquer la recherche. « Or le moyen le plus efficace pour encourager en cette matière l'initiative privée est à coup sûr, ainsi que le montre une expérience déjà longue dans plusieurs pays, de donner à l'explorateur la possibilité d'entreprendre librement ses travaux de recherche et la certitude qu'il recueillera intégralement le fruit de tous ses efforts, c'est-dire de lui reconnaître la propriété des gîtes qu'il prétend avoir découverts. » En raisonnant ainsi, la commission a bien raisonné. C'est pourquoi, d'après le projet, « tout individu ou toute société » pourrait désormais acquérir, « par priorité d'occupation, » un droit exclusif de recherche en périmètre réservé dans tout terrain, libre de droits antérieurs, qui ne se trouve pas compris dans une région affectée aux adjudications publiques. On supprime toutes les formalités inutiles ou gênantes. Rien, dans les terrains domaniaux, n'entravera la recherche : il suffira, dans les terrains privés, d'obtenir le consentement du superficiaire, qui recevra d'abord une indemnité d'occupation ; c'est seulement à défaut d'entente amiable que l'administration interviendra pour donner ou refuser une autorisation. L'explorateur sera tenu de former, au bout de trois ans au plus, une demande en délivrance de la propriété : il recevra dans un très court délai, moyennant le paiement d'une redevance de 20 francs à 40 francs par hectare suivant la nature de la mine, une investiture de la propriété souterraine. Voici donc un essai d'émancipation bien conçu, bien combiné. On s'écarte, à vrai dire, de la loi métropolitaine, telle que Napoléon l'avait faite ou telle que l'ont, plus tard, façonnée nos gouvernements ; mais il s'en faut qu'on se rapproche des propositions parlementaires déposées le 15 mars 1884. Loin qu'on ait tenté d'attribuer cette nouvelle catégorie de mines à la collectivité sous prétexte de remettre les choses à leur place, on fait acte « d'individualisme ; » l'état s'efface devant l'inventeur.

Toutefois, si l'on y regarde de près, il s'efface moins qu'on ne pourrait le supposer d'abord. D'après l'article 19 du projet, le résident général peut, par un arrêté qui sera transmis immédiatement à l'autorité métropolitaine, décider que certaines catégories de mines (même les mines inconnues) devront être acquises, dans une région donnée, par adjudication publique. On lit sans doute dans le rapport de M. Lamé-Fleury que « l'administration devra, dans la pensée, de la commission, user rarement de ce pouvoir ; » il suffit qu'elle en puisse user.

Mais cela ne suffit pas aux divers auteurs des projets présentés, le 15 mars 1884, à la chambre des députés, puisque deux d'entre eux regardent la loi de 1810 comme « faite au préjudice de la nation propriétaire. » Les mines sont à la disposition de la nation ? Pourquoi donc s'en dessaisit-elle ?

D'abord, si l'on remonte aux principes généraux du droit, les mines ne peuvent pas faire partie, comme les fleuves, les ports, les rades, de ce domaine *public* national qui échappe nécessairement (c'est par là même qu'il se caractérise), par sa nature ou par sa destination, à l'appropriation privée. Donc l'état ne peut que les englober dans son domaine particulier, aliénable et prescriptible. Doit-il le faire ? C'est là, répondra-t-on peut-être, une question d'intérêt général. Nous attendions sur ce terrain les collectivistes. L'état, nous le supposons, est déclaré propriétaire exclusif des mines. Appliquons inflexiblement le nouveau principe. Va-t-on chercher des amodiataires ? L'inconséquence est flagrante. On ne trouvera des amodiataires sérieux que s'ils peuvent compter sur un assez grand bénéfice, car tout le monde sait qu'il faut d'abord, pour engager utilement les travaux, une mise de fonds, et que, même après les premières dépenses, l'exploitation reste fort aléatoire. Mais, si l'amodiataire retire de son contrat le bénéfice sur lequel il a compté, voici qu'on ravit encore à la « collectivité » ce qui lui revient naturellement ; l'état ne concentre plus entre ses mains « les produits immenses de l'exploitation minière, » puisqu'il admet tel ou tel au partage : et, par conséquent, la république, « si elle ne veut pas être une étiquette trompeuse, » devra remettre une fois de plus « les choses à leur place. » Ou la logique n'est qu'un mot, ou l'état devra, pour tout garder, tout exploiter.

Ce ne serait là, sans doute, qu'une application particulière du système qui consiste à changer l'état en une vaste association coopérative possédant en commun le sol et les capitaux. L'état absorbant tout, remplaçant tout, devenant l'unique entrepreneur de transports, l'unique assureur, jusqu'à ce qu'il devienne le marchand de modes et le tailleur universel, quel idéal de civilisation ! Étrange conception que celle d'un pays où, pour arriver au plus grand développement possible de richesse et de force, on supprime, en brisant le ressort de l'initiative individuelle, le premier élément de la richesse et de la force ! où l'industriel de génie, le premier commerçant du monde n'est plus, comme le premier des savants ou des capitaines, qu'une vulgaire unité dans un gigantesque total ! Le même homme, passant la frontière, à la vue du profit ou de la gloire qu'il pourra tirer pour lui-même ou pour sa descendance de son labeur infatigable, enfantera des merveilles et touchera du front les étoiles ; esclave obscur de la collectivité, comme il n'eût aperçu ni le prix ni même le résultat de ses efforts, il n'eût rien

14

tenté. L'erreur de ces novateurs est de ne pas comprendre que, si toutes les forces productrices d'un peuple, envisagées séparément, sont amoindries, elles décroissent nécessairement du même coup, prises dans leur ensemble.

L'industrie minérale fait-elle exception à la règle ? L'expérience universelle démontre le contraire. Dès le XVe siècle, la royauté française, tout en créant un grand maître superintendant des mines, chargé de les exploiter ou de les faire exploiter ; se reconnaissait, en fait, impuissante à les exploiter directement ; plus tard, en 1601, Henri IV allait jusqu'à renoncer à son droit du dixième sur les mines de houille et de fer ! L'industrie minérale languissait en Toscane : un édit du 13 mai 1788 y abolit tous les droits de la couronne sur toute espèce de mines et de minerais ; la Toscane s'enrichit aussitôt par l'exploitation des mines. En Espagne, les lois d'Alphonse X attribuaient au prince un droit de seigneurie directe sur tous les métaux ; Philippe II avait à la fois incorporé toutes les mines d'or, d'argent, de vif-argent au domaine royal et subordonné, dans une ordonnance détaillée, tous les droits de l'individu, sur les mines de toute nature, au droit suprême de la couronne. Au commencement du XVIIIe siècle, la couronne, quand elle voulut reprendre les travaux des mines, longtemps laissés à l'abandon, ne sut pas même trouver des ouvriers et fut obligée de renoncer au système de l'exploitation directe. Depuis longtemps, ce même gouvernement, vaincu par l'évidence, quoiqu'il s'obstinât à conserver son monopole dans la mère patrie, l'avait abdiqué, dans l'intérêt de la mère patrie comme des colonies, soit au Mexique, soit au Pérou. Il n'y a pas plus d'un demi-siècle que les mines étaient encore soumises, en Portugal, au système de l'exploitation en régie pour le compte de l'état ; mais, comme cette exploitation directe ne donnait que des pertes, un décret de 1836 substitua le régime des concessions à celui du droit domanial : Les économistes remarquaient encore, il y a quelques années, que la production minérale n'était pas en rapport, dans l'empire d'Autriche, avec les richesses naturelles du sol, et s'en prenaient à l'état, qui s'était mis en possession d'un grand nombre de mines et en vendait lui-même les produits : la *Revue* signalait, par exemple, en 1855, dans un travail de M. A. Cochut, l'infécondité relative de certaines mines que le gouvernement possédait en Hongrie et qui ne produisaient pas le quart de ce qu'elles auraient dû rapporter. L'insuffisance de la production minière en Russie avait frappé depuis longtemps non-seulement les écrivains allemands et français, mais encore les publicistes russes, tels que MM. de Tegoborski, Tchevkine et Ozersky ; ils ne l'attribuaient pas seulement au défaut de routes, mais à la constitution vicieuse de la propriété foncière en général et de la propriété minière en particulier. Quoi que parussent promettre les ukases de Pierre le Grand et de Catherine II, la couronne était restée propriétaire des plus vastes domaines, contenant les mines les plus importantes. En exploitant directement ces gisements minéraux ; en fondant, pour son propre compte, des établissements métallurgiques et des usines avec les capitaux fournis par les finances publiques, elle continuait d'attirer à elle la plus grande partie de la richesse minérale. Aussi, quand le gouvernement russe voulut, en 1856, tirer partie des riches gisements d'anthracite situés entre le Dnieper et le Don, abandonna-t-il tous les monopoles, à commencer par le sien, pour faire appel à la libre concurrence. Chez les Turcs, le sultan, comme représentant de Dieu sur la terre, est, du moins en théorie, le propriétaire de toutes les mines et ne se décidait guère, jusqu'en 1869, à ne pas les exploiter indistinctement pour son compte : elles ne rendaient pas, entre ses mains, la moitié de leur produit normal. Au contraire, chez nos voisins d'outre-Manche, c'est en vain que, d'après les principes de l'ancien droit public, le roi, — Blackstone l'enseigne encore, — est propriétaire de tous les métaux précieux renfermés dans les limites de sa domination ; que les deux actes de la première et de la cinquième année du règne de Guillaume et Marie, en retranchant du nombre des mines royales les gisements de plomb, d'étain et de cuivre, conservent à la couronne un droit de préemption ; ces prérogatives ne sont pas exercées, tout le système du droit domanial tombe en désuétude, le mot *royalty* change de sens, et, loin d'impliquer un droit de propriété sur les mines au profit du souverain, s'applique généralement à la redevance que le fermier du tréfonds paie au tréfoncier ; la sagesse des gouvernants, l'initiative des gouvernés, portent leurs fruits, et l'industrie minérale, d'ailleurs favorisée par un grand nombre de circonstances exceptionnelles, prend, entre les mains des particuliers livrés à eux-mêmes, un prodigieux essor. Tel est l'enseignement de l'histoire.

C'est qu'en effet l'état, en général, exploite plus cher et moins bien. Il n'est pas aiguillonné par la concurrence, puisqu'il la supprime. Il ne peut que réserver à d'innombrables fonctionnaires une place dans sa hiérarchie, un rôle banal dans un programme écrit d'avance. Aucun d'eux ne croit travailler pour lui-même en travaillant pour tout le monde. Celui qui travaille pour son compte, au contraire, a le secret des petites économies et le vif désir de mieux faire. Il ne se lasse pas soit de perfectionner ses méthodes d'outillage ou d'extraction, soit de chercher les meilleurs débouchés pour ses produits ; car s'il réussit, il est riche, honoré ; s'il échoue, ses enfants vont peut-être manquer de pain. La collectivité ne connaît ni ces espérances ni ces craintes. Qui ne comprend d'ailleurs que des difficultés sans nombre peuvent compliquer les rapports des mineurs et du gouvernement, tantôt amené par des considérations politiques à grossir démesurément les salaires et, par conséquent, obligé de produire à perte, tantôt conduit à sévir contre les ouvriers enrégimentés sous ses ordres et, s'ils résistent, à les traiter en rebelles ? Cependant l'état ne franchit pas impunément le cercle de ses attributions : la collectivité, qui lui reproche quelquefois la sécheresse ou la grêle, attribue naturellement à son impéritie l'échec d'une entreprise téméraire et se dispose à changer de maîtres ou de serviteurs.

Aussi, tandis que M. Girodet a déposé sur le bureau de la chambre une proposition vague, où il est dit d'abord que « la propriété des mines fait retour à l'état, » ensuite qu'une « loi spéciale déterminera leur mode d'exploitation, « MM. Brousse et Giard demandent que « l'exploitation des richesses minières soit concédée par la voie de l'adjudication, par parcelles *et pour un temps déterminé.* » C'est encore la théorie du « droit domanial, « mais présentée d'une façon plus discrète. Il y a là, du moins en apparence, comme un essai de transaction entre le système qui florissait naguère en Turquie et celui qu'ont adopté, de nos jours, la plupart des nations européennes. Mais, si l'on y regarde de près, rien ne ressemble moins au régime des concessions ni même au régime, moins arbitraire, que la commission des mines de l'Annam et du Tonkin propose d'introduire dans notre « empire colonial. » En effet, le projet de règlement inséré au *Journal officiel* du 6 décembre 1884 propose d'instituer, pour les mines connues, le régime de l'adjudication publique. Le rapport de M. Lamé-Fleury fait ressortir que, pour ces mines, « le gouvernement n'aurait eu que l'embarras périlleux de faire un choix entre divers prétendants » et n'invoque pas seulement, pour démontrer les avantages du nouveau système, l'intérêt du trésor, mais encore « l'intérêt de l'industrie, qui, en face de conditions simples et précises, sera, à tous égards, en mesure de calculer les chances de bénéfice qu'elle doit attendre de l'exploitation de toute mine à adjuger et, par suite, d'offrir un prix raisonnable pour l'acquisition de cette mine. » On a raison de vouloir appliquer à cette seconde catégorie de mines, dans cette partie des possessions françaises, le régime de l'adjudication, ne fût-ce que pour dissiper ou déjouer certains soupçons ou certaines calomnies. Il n'y aura pas moyen de rattacher l'investiture de la propriété souterraine à des convoitises privées ou à des intrigues mystérieuses quand tout se passera publiquement, au grand jour, et qu'un personnage anonyme, le « plus offrant et dernier enchérisseur, » aura le dernier mot. C'est peut-être là, même pour la métropole, la réforme qu'il faut appeler de nos vœux, et nous ne saurions oublier que le conseil général des mines l'a, d'abord en 1848, plus tard en 1873 et en 1874, appuyée par des avis favorables, « pour le cas où il s'agirait d'une substance minérale dont les conditions de gisement, parfaitement connues, ne donnent lieu à aucun mérite d'invention. » Mais cette adjudication publique diffère absolument de celle que préconisent les projets parlementaires du 15 mars 1884 et tout d'abord, même dans notre empire colonial, on ne se propose pas de n'adjuger que pour un temps déterminé.

En outre, d'après les principes les moins contestés de la science économique, adoptés par les principaux peuples de l'Europe moderne, si l'état perçoit le plus souvent une redevance [4], il ne perçoit pas le prix d'une cession. L'état, qui, d'abord, avant de concéder, charge de certains travaux préliminaires ses fonctionnaires de l'ordre administratif et ses ingénieurs ; qui, plus tard, après avoir concédé, surveille l'exploitation dans ses rapports avec l'ordre public, avec la conservation du sol et avec la sûreté des ouvriers, réclame un tribut au tréfoncier comme il réclame l'impôt au superficiaire. Dès lors une règle élémentaire domine tout : la redevance doit être calculée de manière à ne pas gêner l'essor de l'industrie minérale. « Il est nécessaire, pour l'intérêt général, qu'elle soit extrêmement modique, lit-on dans le rapport du comte Stanislas de Girardin au corps législatif, car si elle était considérable, elle paralyserait ou anéantirait bientôt les anciennes exploitations et serait un obstacle à ce qu'il puisse s'en établir de nouvelles. » C'est ainsi que, chez nous, le produit annuel des redevances atteignait seulement 221,958 francs en 1826 et ne dépassait pas 2,500,723 francs en 1881 [5], le produit des 513 mines exploitées dans cette année étant évalué à 38 millions [6]. La redevance proportionnelle ne peut d'ailleurs excéder 5 pour 100 du produit net et, par conséquent, où le produit net manque, elle cesse d'être due.

Ce n'est pas, selon toute apparence, pour maintenir cet ancien mécanisme de la législation française qu'on propose de la bouleverser de fond en comble. En effet, dans le système du « droit domanial, » l'état cède, à temps ou à perpétuité, ce qu'il pourrait garder : s'il le cède, c'est uniquement parce qu'il craint, en exploitant directement, de ne recueillir aucun bénéfice. Le cessionnaire à temps ou, pour employer les expressions de MM. Brousse et Giard, l'adjudicataire pour un temps limité, n'est plus qu'un fermier ordinaire. Le bailleur, comme tout autre propriétaire, cherche à ne pas faire un marché de dupe, c'est-à-dire entend louer aux conditions les plus avantageuses pour la collectivité, les plus onéreuses pour le preneur. Il n'importe d'ailleurs que les frais dépassent le produit brut : le loyer doit être payé.

Le double vice de ce système est dans l'excès des charges qu'il impose au fermier du tréfonds minéral et dans la précarité de sa possession.

Les collectivistes s'obstinent à citer un petit nombre de sociétés minières qui ont obtenu des succès exceptionnels. Or il en est de l'industrie minérale, je le démontrerai bientôt par des chiffres précis, comme des autres : quelques-uns doivent s'y enrichir, car sans la perspective des grands bénéfices, personne ne mettrait la main à l'œuvre ; mais il faut absolument, dans un travail d'ensemble, tenir compte des capitaux enfouis par un beaucoup plus grand nombre de sociétés dans des entreprises qui ont échoué complètement ou n'ont donné que des pertes. En outre, même, quand on se borne à déterminer les résultats précis des entreprises qui donnent des bénéfices, on néglige trop aisément un autre élément d'appréciation : je veux parler des capitaux dépensés pour la mise en valeur des mines. Par exemple, M. Vuillemin, directeur des mines d'Aniche, a prouvé dans trois opuscules publiés en 1879, en 1882 et en 1883 que les trente-trois sociétés concessionnaires des mines de houille ouvertes dans les bassins du Nord et du Pas-de-Calais avaient dépensé réellement ou immobilisé, depuis leur origine, un capital de 346 millions, correspondant à 40 francs par tonne de houille extraite annuellement : admettant (et cette induction est légitime) que les mines de houille avaient, dans les autres bassins français, immobilisé, pour créer leur exploitation, le même capital de 40 francs par tonne, il arrivait au chiffre total de 800 millions pour l'ensemble des 336 houillères exploitées en 1880, puisque la production de la houille était, cette année-là, de 20 millions de tonnes et concluait, le bénéfice réel de ces 336 houillères n'ayant pas dépassé 38 millions, que cette branche importante de l'industrie minérale obtenait seulement un intérêt de 4.7 pour 100 de son capital immobilisé. Donc on se trompe si l'on se figure que l'énormité des bénéfices appelle ou permet une aggravation des charges.

On porterait le coup suprême à l'industrie minière en limitant la durée des exploitations. Tel est pourtant le dernier mot de la réforme : l'état ne pourrait plus conférer le droit d'exploiter que « pour un temps déterminé. » C'est ainsi que les utopies contemporaines nous ramènent aux pratiques stériles d'un autre siècle, comme si les mêmes fautes ne devaient pas engendrer les mêmes conséquences ! La république Argentine tente, en ce moment, d'attirer des colons sur des terres incultes et ne croit pouvoir les décider qu'en leur offrant, d'après l'exemple des États-Unis et de l'Australie, une propriété définitive. Si l'on a pu critiquer ce système appliqué à la surface du sol, il y a cent raisons de l'adopter quand il s'agit du tréfonds minéral. Celui qui sollicite une concession ne doit-il pas démontrer par des travaux préalables l'existence d'un gisement susceptible d'être exploité ? La concession obtenue, ne fera-t-il pas de nouvelles dépenses pour la mettre en valeur ? Tous ces capitaux une fois engagés, la première période de l'exploitation ne sera-t-elle pas le plus souvent infructueuse ? Les travaux des premiers exploitants, tout le monde le sait, ne deviennent généralement productifs qu'à la suite de longs efforts.

Dès lors comment se lancer dans une entreprise nécessairement aléatoire, alors qu'on n'aura pour toute compensation que la perspective d'une jouissance limitée ? Il est pourtant facile de comprendre que, si le droit d'exploiter doit prendre fin au moment où les capitalistes commenceraient à rentrer dans leurs avances et sans qu'ils aient eu le temps d'amortir le capital engagé, ils ne se présenteront pas. Ceux qui n'auront pas reculé se trouveront presque toujours placés dans cette alternative : se ruiner ou ruiner la mine. Ils n'hésiteront pas, selon toute vraisemblance, à prendre le second parti. Les gîtes de minerai, pour être susceptibles d'une exploitation durable, doivent être exploités d'une certaine manière et, par exemple, attaqués non de haut en bas, mais de bas en haut : au grand détriment de la richesse publique, on rendra par une exploitation excessive toute exploitation ultérieure du minerai impossible ou très difficile ; on dévorera, pour obéir aux exigences de l'heure présente, le patrimoine de plusieurs générations. Certains publicistes croient répondre à ces objections en proposant de conclure avec les « adjudicataires » des baux à long terme. Ils supposent assurément que la mine ne doit pas être épuisée avant la fin du bail ; car, s'il en était autrement, la concession perpétuelle n'offrirait pas plus d'inconvénients que la concession limitée. Or il y a dans ces baux, quelque longs qu'on les suppose, une période finale pendant laquelle le preneur est naturellement pressé de jouir, délaisse les points les moins accessibles, attaque systématiquement les parties riches de la mine, évite les déboursés, même urgents, dont il ne peut pas tirer un bénéfice immédiat. Notre loi de 1791 n'investissait les concessionnaires que pour cinquante ans : les économistes et les ingénieurs blâmèrent à l'envi une innovation qui conduisait au « gaspillage » des mines, et déclarèrent que la sécurité, la prospérité de la propriété minière, étaient liées à la perpétuité du droit. C'est l'expérience même de ce système bâtard qui dicta, dix-neuf ans plus tard, le système des concessions perpétuelles. On la recommença néanmoins, après la conquête de l'Algérie, où la durée des concessions fut limitée d'abord à quatre-vingt-dix-neuf ans [7] : il fallut, au bout de vingt ans, « pour donner aux exploitations l'impulsion que réclamait l'intérêt public, » rendre notre législation générale exécutoire en Afrique et bientôt après, en 1855, reconnaître propriétaires incommutables les concessionnaires mêmes dont le titre était antérieur à la promulgation de la loi du 16 juin 1851 sur la constitution de la propriété en Algérie.

C'est qu'en effet il ne peut pas y avoir deux classes d'exploitants. Si l'on se résigne à laisser les anciens concessionnaires vivre en paix sous le régime libéral de 1810, les « adjudicataires pour un temps limité, » simples fermiers de l'état, ne pourront pas soutenir la concurrence, même à l'intérieur, et succomberont vite dans une lutte inégale. C'est ce qu'ont aisément compris les auteurs des propositions présentées le 15 mars 1884 à la chambre des députés. « Les concessions déjà accordées feront retour à la nation, » disent MM. Brousse et Giard. La loi nouvelle aurait donc un effet rétroactif. La constituante a, sans doute, donné cet exemple en juillet 1791 ; mais ce n'est pas par là qu'il faut lui ressembler. D'ailleurs il ne s'agit plus aujourd'hui de remplacer le régime féodal et de transformer l'organisation de la propriété française ; il s'agit, au contraire, de consolider l'œuvre de 1780 et tout d'abord de respecter un principe élémentaire, qui est presque un axiome de droit naturel, inscrit au frontispice de notre code civil. Ce n'est pas impunément qu'un gouvernement donne aux lois un effet rétroactif. Il perd ainsi la confiance de ceux qu'il gouverne et peut, s'il y fait appel, leur tendre inutilement la main. Vous me promettez, lui dira-t-on, une concession de quatre-vingt-dix-neuf ou de cinquante ans ? Qui m'assure que, dans vingt-cinq ans, vous ne vous repentirez pas une seconde fois et vous ne trouverez pas le moyen d'abréger le terme de ma jouissance ? Vous invoqueriez à titre de précédent, pour rescinder notre contrat, les circonstances mêmes qui vous auraient permis de le conclure. Je ne suis pas votre homme, et je porte ailleurs mes capitaux.

Les novateurs répondront qu'ils ne se proposent pas de dépouiller purement et simplement les concessionnaires. MM. Brousse et Giard demandent, en effet, le retrait des concessions, « moyennant paiement d'une indemnité calculée d'après les dépenses faites et les bénéfices retirés. » Ce n'est pas là, qu'on le remarque, à proprement parler, une « expropriation » et les deux députés se sont abstenus, probablement à dessein, d'employer ce mot. Mais la propriété des mines appartenant dans notre pays au concessionnaire, ainsi que le rappelait naguère à la chambre des députés M. Raynal, ministre des travaux publics, « comme le moulin au meunier, comme le champ au cultivateur, » il n'y a pas deux façons de la lui ôter. Le retrait administratif des concessions ne peut être opéré que dans des cas spéciaux, rigoureusement déterminés par la loi. Donc, si le concessionnaire n'a pas méconnu ses obligations, « nul ne pouvant être privé de la moindre portion de sa propriété sans son consentement, si ce n'est lorsque la nécessité publique légalement constatée l'exige et sous la condition d'une juste et préalable indemnité [8], » il faut *l'exproprier* et, « tous les hommes étant égaux devant la loi [9], » l'exproprier comme un autre. C'est d'ailleurs ce qu'a très bien compris, nous nous hâtons de le reconnaître, M. Girodet : « Il sera procédé à l'expropriation, dit cette dernière proposition, suivant les formes légales, moyennant les indemnités qui seront fixées par le jury. » On va donc exproprier l'universalité des concessionnaires. Voici, sans nul doute, une opération qui coûtera cher à l'état. Quand il aura fallu payer les mines des bassins du Nord, du Pas-de-Calais, de la Loire et bien d'autres à leur juste prix, le trésor se trouvera fort dépourvu. M. Fouillée, parlant du rachat du sol, a fait ressortir ici même avec une force invincible tout ce qu'il y a de chimérique et de désastreux dans une semblable combinaison financière. Au lendemain des expropriations, l'état, affermant pour quelques années, ne suscitera des adjudicataires sérieux que s'il modère le prix des fermages, et l'on peut prédire à coup sûr qu'il ne retrouvera pas de longtemps, dans ces loyers réduits, la contre-partie de ses déboursés. Il lui faudra donc chercher de nouvelles ressources, c'est-à-dire augmenter les impôts pour payer ses dettes et, s'il ne peut plus les augmenter (car il arrive un moment où l'exagération de l'impôt anéantit la matière imposable), déposer son bilan. Aura-t-on du moins obtenu, dans la répartition des richesses, un changement appréciable ? Non, sans doute, on l'a vingt fois démontré. A moins qu'il ne s'agît de conclure des marchés ruineux sous le poids desquels serait ensevelie l'industrie minière, les anciens concessionnaires se présenteraient aux enchères : fortement organisés, nantis de leur outillage, flanqués de leur personnel, ils évinceraient généralement leurs concurrents et reprendraient à des conditions différentes l'exploitation de la mine qu'on leur aurait payée la veille. On aurait inutilement vidé les caisses publiques et désorganisé la propriété minière.

Avant de tout désorganiser, il faut se rappeler que la France n'est pas seule en Europe et regarder aux quatre points cardinaux. Les novateurs raisonnent, en général, comme si la concurrence ne pouvait s'établir qu'entre deux classes de citoyens français et s'il ne s'agissait que d'appauvrir l'une au profit de l'autre. Mais si l'on méconnaît, dans l'intérêt mal entendu de la démocratie, les plus simples notions de la science économique, si l'on arrive fatalement à produire moins, moins bien et plus cher, c'est la France elle-même qu'on appauvrit au profit des autres nations. Or croit-on que nos voisins de droite et de gauche s'effraient des bénéfices recueillis par telle ou telle société minière et brûlent d'y trouver un prétexte pour soumettre le tréfonds minéral à une nouvelle mainmise de l'état, placer les tréfonciers sous un joug plus pesant, amoindrir la part de l'industrie privée et augmenter celle de la collectivité ? Ce serait une grande erreur.

Par exemple, en Prusse, la législation des mines a été complètement modifiée par la loi du 24 juin 1865. On y a, sur certains points, abandonné le système français de 1810, mais pour émanciper plus complètement l'industrie minière [10]. La confession confère, comme chez nous, un droit immobilier perpétuel. Le propriétaire est expressément assimilé, par un texte spécial, au propriétaire foncier. Sa déchéance ne peut être prononcée que si, malgré l'injonction de l'administration supérieure, il a refusé de mettre la mine en exploitation ou d'en reprendre l'exploitation interrompue. Mais chacun, en Prusse, peut faire des recherches avec la permission du superficiaire, et l'administration n'intervient que si cette permission a été refusée. En outre, l'explorateur dont les recherches ont abouti a, pour se faire délivrer la concession, un droit de préférence ; la priorité de sa découverte obtenue par un travail quelconque, même par un simple trou de sonde dans un terrain non concédé, lui permet de revendiquer un *champ* de 2,189,000 mètres carrés [11]autour du point de découverte. En admettant même qu'on ait exagéré les droits des inventeurs, il faut bien constater d'abord que la nation prussienne, loin de livrer les mines à l'état, restreint le droit de l'état et provoque par tous les moyens le plus grand effort possible de l'initiative individuelle ; ensuite que l'industrie minière a pris, sous ce régime libéral, un accroissement inespéré [12].

L'Autriche avait abusé du droit régalien : sa propre expérience l'a convertie. La loi du 23 mai 1854 subordonne, sans doute, les travaux de recherche à l'autorisation du gouvernement ; mais un droit de fouille exclusif pour un périmètre déterminé est acquis à celui qui indique à l'administration le point (d'ailleurs compris dans le périmètre fixé par l'autorisation de recherches), sur lequel il a entrepris ou veut entreprendre un travail de fouille ; c'est ce qu'on nomme fouille libre (*freischurf*). Toute fouille libre qui a permis de reconnaître des minéraux utilement exploitables donne droit à la concession d'une *mesure de mine*, c'est-à-dire d'un solide ayant pour base un rectangle de 45,108 mètres carrés et une profondeur indéfinie. S'il s'agit de charbons, le droit a pour objet deux mesures. Ces quantités sont, en outre, doublées quand la fouille libre consiste en un puits dont le fond est verticalement au moins à 95 mètres, au-dessous du sol. Les mesures de mine, les galeries de circonscription, etc., constituent de véritables propriétés immobilières et doivent être, à ce titre, inscrites sur un registre spécial. La concession donne au nouveau propriétaire le droit exclusif d'extraire non-seulement les minéraux pour la découverte desquels il l'a obtenue, mais encore les autres minéraux concessibles de toute espèce qui peuvent se rencontrer dans son périmètre, l'état ne se réservant que la délivrance des produits bruts en or et en argent. Cette première loi imposait aux concessionnaires une redevance fixe (de 6 florins par chaque mesure de mine) et une redevance proportionnelle équivalente au vingtième des produits extraits évalués au prix de la vente sur le carreau de la mine. Le législateur autrichien, pour stimuler encore plus vivement l'industrie privée et lui permettre de lutter avantageusement contre la concurrence étrangère, supprima, le 28 avril 1862, la seconde redevance. Ce gouvernement, parfois obéré, a donc pensé que ces sortes de charges, en paraissant enrichir le trésor, appauvrissaient la nation ; sans abdiquer le droit de discerner, au nom des intérêts généraux, qui pouvait le plus utilement, dans un périmètre défini, reconnaître d'abord, puis explorer la mine, au lieu de dépouiller les particuliers au profit de l'état, il a dépouillé l'état de tout ce qu'il croyait pouvoir abandonner sans péril à l'initiative individuelle. Il a fait un pas décisif e : i avant, et l'on nous propose de revenir en arrière.

La législation des mines, en Espagne, a été remaniée par les lois de 1859 et de 1868. Les minéraux, divisés en trois classes, continuent sans doute d'appartenir à l'état. Toutefois celui-ci cède au superficiaire les produits minéraux de la première classe, c'est-à-dire tous les matériaux de construction qui s'exploitent en carrière, concède ceux de la seconde [13], mais seulement si le propriétaire du sol ne les exploite pas, enfin concède purement et simplement ceux de la troisième. Le minimum des concessions est de 4 hectares (*pertenencias*). Tout Espagnol, tout étranger peut obtenir une concession, moyennant le versement préalable de 75 *pesetas*, en adressant au gouverneur une requête où il indique clairement la situation et les limites du terrain qu'il entend exploiter. Le concessionnaire paie au fisc d'abord un droit fixe, qui est en général de 4 pesetas par an et par hectare, mais qui s'élève à 10 pesetas pour les pierres précieuses et les métaux autres que le fer, ensuite, aux termes d'un décret du 25 juillet 1883, une redevance proportionnelle de 1 pour 100 sur la valeur brute des produits obtenus. Ce mécanisme très simple, trop simple à notre avis, présente assurément quelques inconvénients, mais qu'il serait aisé de faire disparaître et qu'on songe, d'ailleurs, paraît-il, à corriger. Quels que soient ces défauts, la législation libérale de l'Espagne moderne a porté ses fruits. Chaque paysan, stimulé par la soif du gain, parcourut les montagnes de son voisinage à la recherche des mines, et bien des exploitations prospères n'ont pas d'autre origine. Dans ce pays où la couronne avait fini par ne plus trouver d'ouvriers mineurs, le tréfonds minéral est exploité par des légions ; une source intarissable de richesse a jailli du sol de l'Espagne appauvrie et les minerais de Rio-Tinto, de Tharsis, de Bilbao couvrent le monde.

La loi sarde du 20 novembre 1859, qui organisait le régime des concessions perpétuelles, a été successivement étendue, sauf certaines restrictions qu'imposaient d'anciens usages ou d'anciens droits, aux provinces de l'Italie septentrionale et de l'Italie centrale. L'état, au lieu d'épuiser son droit, le limite volontairement en accordant la préférence à l'inventeur, pourvu que celui-ci puisse satisfaire aux obligations et aux charges imposées par l'acte de concession. Il se regarde, d'ailleurs, comme tellement incapable d'exploiter par lui-même, que si, dans les deux ans à partir du jour où il est rentré en possession, après qu'une déchéance a été prononcée pour abandon de travaux, la concession n'a pas été renouvelée, les terrains compris dans son périmètre sont affranchis de toute servitude minière. Au Portugal, en vertu des lois de 1850 et de 1852, le décret de concession est qualifié par le législateur lui-même, « titre de propriété, » et la propriété minière dure tant que le concessionnaire remplit ses obligations. Le régime des concessions perpétuelles prévaut encore soit en Bavière (loi du 20 mars 1869), soit en Grèce (loi du 22 août 1861, modifiée en 1867 et en 1877), soit en Suède, où la loi de 1855 interdit à l'état de prélever la moindre part, même sur les exploitations ouvertes dans les domaines de la couronne, soit en Belgique, car la loi belge du 2 mai 1837 n'a restreint les droits de l'état qu'au profit du superficiaire. C'est, en un mot, le droit commun de l'Europe, et la Turquie elle-même, en limitant par son règlement de 1869 le droit des concessionnaires à quatre-vingt-dix-neuf ans, leur réserve, au bout de cette période, un droit de préférence au renouvellement des concessions.

L'Angleterre, il est vrai, déroge à la règle, mais pour appliquer à outrance le régime du *laisser faire*. L'étude des droits conférés à la couronne par la constitution britannique n'est plus aujourd'hui qu'un amusement d'archéologue. Les propriétaires fonciers, s'ils veulent utiliser les matières minérales que renferme leur sol, ne relèvent que d'eux-mêmes et peuvent ouvrir des mines sans la permission du gouvernement. Ce système enrichit le peuple anglais, qui a extrait, en 1879, 133, 720,293 tonnes de charbon et 9,387,766 tonnes de minerais de fer. On assure qu'il ne convenait pas au tempérament de la France, et peut-être n'a-t-on pas tort. Mais ce qui nous conviendrait moins encore, à coup sûr, c'est d'opposer un régime de complète servitude à ce régime de complète liberté. Au demeurant, la loi de 1810, telle que le bon sens français l'a comprise et pratiquée, ne nous a pas trop mal réussi, puisque la production totale du combustible minéral s'est élevée chez nous, entre 1812 et 1883, de 820,000 à 21,446,199 tonnes ; que, pour 1883, celle des fontes atteint 2,067,387 ; celle des aciers, 509,045 ; celle des fers, 968,068 tonnes. Si l'on doit un jour corriger cette loi, ce sera pour donner un nouvel élan à l'initiative individuelle, soit en faisant la part plus belle aux inventeurs, soit en limitant dans l'avenir le pouvoir discrétionnaire de l'administration par le système des adjudications publiques. Mais il faudrait, avant d'appliquer l'utopie des novateurs rétrogrades, c'est-à-dire de tout livrer à la collectivité, songer que nos rivaux, nos concurrents, dont plusieurs nous égalent et quelques-uns nous dépassent, ont suivi notre exemple ou ne s'en sont écartés que pour amoindrir le rôle de l'état eu émancipant plus ou moins complètement l'industrie privée.

Section II

On se tromperait d'ailleurs en accusant les divers gouvernements qui se sont succédé dans notre pays d'un respect superstitieux pour l'œuvre de 1810. La plupart d'entre eux ont travaillé soit à en combler les lacunes, soit à en corriger les défauts. Dès le 3 janvier 1813, un décret impérial déterminait les mesures à prendre pour les concessionnaires lorsque « la sûreté des exploitations ou des ouvriers » serait « compromise » : on reconnut au bout de trente ans qu'il y avait lieu d'amender ce décret sur divers points, et l'ordonnance du 26 mars 1843 en remania les dispositions. Une instruction médicale avait été rédigée le 9 février 1813, en exécution du même décret et régulièrement approuvée par le ministre de l'intérieur : le gouvernement de la république, comprit, en 1877, qu'il fallait mettre à profit, dans l'intérêt des exploitations et des ouvriers, les progrès de la science, et parvint en effet, nous le verrons, à les utiliser. La loi de 1810, prévoyant le cas où l'exploitation serait soit suspendue, soit restreinte, s'était bornée à prescrire l'envoi d'un rapport au ministre de l'intérieur « pour y être pourvu ainsi qu'il appartiendrait » : une bonne loi, du 27 avril 1838, après avoir réglé les obligations spéciales des concessionnaires au cas d'inondation, autorisa le gouvernement à prononcer, dans des circonstances déterminées, le retrait des concessions. On interprétait de différentes manières un article de l'ancienne loi, portant « que plusieurs concessions pourraient être réunies entre les mains du même concessionnaire » : un décret du 23 octobre 1852, pour protéger les consommateurs et l'industrie minérale elle-même contre un monopole improductif et nuisible à l'intérêt public, défendit de réunir les concessions sans l'autorisation du gouvernement. La question des abonnements à la redevance proportionnelle fut successivement réglée par trois décrets (30 mai 1860, 27 juin 1866, 12 juin 1874). La loi de 1810 soumettait à l'autorisation préalable l'établissement de certains fourneaux et de certaines forges et obligeait en même temps le concessionnaire à fournir à certaines usines la quantité de minerai nécessaire à leur exploitation : le second empire déclara que ce système portait inutilement atteinte soit au droit de propriété, soit à la liberté de l'industrie, et en provoqua l'abrogation en 1866.

L'assemblée nationale avait ordonné, le 12 juillet 1873, une enquête sur la situation de l'industrie houillère en France. Le questionnaire dressé par la commission de cette assemblée, auquel 77 départements firent 548 réponses, contenait cette phrase : « N'avez-vous aucune observation à faire sur la législation qui régit les mines ? Quels seraient les changements utiles à apporter aux lois sur la matière ? » Cette question spéciale provoqua 107 réponses qui furent renvoyées à une sous-commission dont les travaux ont été résumés dans un rapport présenté par M. de Marcère. On y proposait de modifier sur certains points la loi de 1810. Le conseil général des mines fut consulté ; une commission d'étude fut instituée par M. Caillaux, ministre des travaux publics. Celle-ci, après une année de réflexions, pensa qu'il y avait lieu non de remanier toute la loi, mais d'en corriger divers articles. Le conseil général des mines, saisi pour la seconde fois, émit un avis semblable. Cependant le ministre des travaux publics déposa sur la tribune du sénat, le 17 novembre 1877, un projet de loi qui, tout en maintenant les principes fondamentaux de la loi organique, procédait par voie de refonte complète. Mais le conseil d'état, soit dans la section des travaux publics, soit en assemblée générale, pensa que l'avantage de présenter sous une forme plus correcte un grand nombre de dispositions non contestées « ne pouvait entrer en balance avec l'inconvénient de les soumettre à de nouvelles discussions. » De ces travaux préparatoires sortit un nouveau projet qui fut déposé sur la tribune du sénat le 21 mai 1878, par M. de Freycinet, et converti en loi le 27 juillet 1880. Dix-huit déposants avaient réclamé, dans l'enquête parlementaire, l'abrogation de cette disposition législative qui interdisait aux concessionnaires certains travaux de recherche « dans la distance de 100 mètres des habitations ou clôtures murées ; » la loi nouvelle réduisit le rayon de 100 mètres à 50, ne laissa subsister cette dernière zone de prohibition que si les clôtures murées dépendaient elles-mêmes d'une maison d'habitation, enfin ne maintint la prohibition, jadis étendue à l'établissement des machines, ateliers ou magasins, que pour l'ouverture des puits ou des galeries. Le délai de quatre mois durant lequel l'affichage des demandes en concession était obligatoire fut réduit de moitié ; mais, tandis que le législateur de 1810 s'était contenté d'une simple insertion dans les journaux « du département, » on exigea désormais, pour compenser l'abréviation du délai, que les affiches fussent insérées deux fois et à un mois d'intervalle dans les journaux du département et dans le *Journal officiel*. Vingt-cinq déposants avaient signalé, dans l'enquête, la rédaction défectueuse des anciennes dispositions qui donnaient à l'explorateur et au concessionnaire le droit d'occuper sous certaines réserves la surface des terrains compris dans le périmètre de la concession (art. 43 et 44) : ces textes furent soigneusement révisés et complétés. L'ancienne législation donnait aux préfets un droit de surveillance, comprenant « la sûreté publique, la conservation des puits, la solidité des travaux, la sûreté des ouvriers mineurs ou des habitations de la surface » : la loi nouvelle ajoute à cette énumération « la conservation des voies de communication et des eaux minérales, ainsi que l'usage des sources qui alimentent des villes, villages, hameaux et établissements publics [14]. » Nous nous bornons à mentionner les trois dispositions finales, qui ont trait au régime des minières et des carrières.

Il était permis de croire, après la promulgation de cette loi, que l'on se contenterait, au moins pendant quelques années, d'une aussi importante réforme. Il n'en est rien, et c'est avec une ardeur extrême que certains hommes d'état montent à l'assaut de notre législation minière. On reproche, si nous ne nous trompons, aux chambres de 1880, comme à leurs aînées, d'avoir songé d'abord à la prospérité de la propriété minière et de l'industrie minérale, tandis qu'elles reléguaient sur le second plan l'intérêt direct de la démocratie. Or la démocratie se soucie avant tout du mineur. Quelques-uns de ses organes exigent qu'on améliore à tout prix la condition des ouvriers et dépeignent à grands traits, pour forcer notre conviction, leur vie misérable. « Le mineur, lit-on dans les *Cahiers de doléances*, est, en général, reconnaissable à sa maigreur et à sa pâleur habituelles, par le développement excessif des muscles du tronc, par un corps voûté, par une démarche inégale, des allures tâtonnantes et indécises… La population spéciale des mines disparaîtrait rapidement si elle n'était sans cesse renouvelée, rajeunie et fortifiée par la venue de paysans robustes qui s'étiolent à leur tour et ne font souche, au bout de deux ou trois ans, que d'enfants chétifs et malvenus… Le *piqueur* (celui qui détache la houille) a quitté son logis au milieu de la nuit, été comme hiver, à quatre heures du matin. Il est midi, il ne sait pas l'heure, il a vidé sa gourde et mangé une miche de pain pendant un repos de 30 minutes, plus nuisible que réconfortant, à cause de la sensation de froid qui le saisit, s'il s'arrête, malgré la température élevée de ce milieu humide ; il attend avec impatience le coup de sifflet du *porion*, qui l'avertira de sortir de son *trou* et de gagner la galerie de roulage pour remonter au jour. Il entend enfin ce signal désiré ; il est deux heures. L'homme remonte péniblement. Il suit le méandre des galeries par des chemins accidentés, toujours dans la nuit, les pieds dans l'eau ; il monte, redescend, oblique à droite et à gauche, guidé par le feu terne des lampes et les coups de sifflet du porion, longe les couloirs étroits, empestés, encombrés, se gare des wagonnets lancés à toute vitesse sur les rails. En cheminant, il s'applaudit d'avoir, cette fois encore, échappé au coup de grisou, à l'éboulis, à l'incendie des boisages, à l'inondation, au feu des coups de mine. Il arrive au jour, éreinté, noir, les vêtements mouillés par sa sueur, les yeux brûlants, l'estomac irrité, la tête pesante ; il a souvent 2, 3 ou 4 kilomètres de marche avant de tomber inerte sur son siège, dans sa misérable demeure, heureux s'il a une veste de rechange et s'il y trouve une famille qui le reçoive avec des sourires. Il a peiné pendant douze heures ; il va dormir pendant huit à dix heures et retombera le lendemain dans cet enfer que Dante n'a pas osé rêver. »

Nous ne contestons pas, quoiqu'il y ait assurément dans cette peinture sinistre un abus des teintes fortes, les souffrances des ouvriers mineurs. Leur vie est dure, leur métier pénible. On a fait beaucoup pour adoucir ces misères : on ne saurait trop faire. Rien ne doit rebuter dans l'accomplissement de cette tâche, pas même l'injustice ou l'ingratitude. Mais il s'agit en premier lieu de n'aller qu'au possible ; en second lieu, de ne pas se tromper dans le choix des remèdes. Or, avant d'étudier ceux qu'on propose d'appliquer par voie législative, il faut remarquer d'abord que, si tous les maux doivent exciter notre pitié, tous ne peuvent pas être guéris. Il y a des fatigues et des souffrances inhérentes au travail du mineur et que la toute-puissance de l'état, même secondée par la charité la plus parfaite et par la science la plus éclairée, ne supprimera jamais. L'ouvrier mineur garderait encore, assurément, le droit de s'en plaindre, s'il était assujetti, comme l'esclave antique, à des travaux obligatoires. Mais il est libre de se soumettre à ce rude labeur, libre de l'abandonner. S'il descend dans la mine, ce n'est ni par contrainte ni par surprise. Il peut, s'il le juge convenable, respirer le grand air et vivre au soleil, car le travail agricole sollicite ses bras sur toute la surface du territoire français. S'il lui préfère un travail à la fois plus lucratif et plus dur, c'est de son plein gré.

Il importe, en second lieu, pour résoudre le moins mal possible ce problème d'économie sociale, de ne pas mettre en état de perpétuel antagonisme les intérêts des propriétaires et ceux des ouvriers mineurs. Il n'y a pas de conception plus étroite et plus fausse. Ces intérêts sont quelquefois distincts, plus souvent semblables. Je suis heureux de rencontrer l'expression de la même idée dans les *Cahiers de doléances* : « Le prolétariat français, y lit-on, sait aujourd'hui, grâce à de terribles expériences, que les conditions économiques d'un pays ne s'améliorent que par l'accord de tous... S'il existe, y lit-on encore, quantité de métiers susceptibles d'un exercice restreint, quoique fécond et rémunérateur, il en est beaucoup d'autres... où l'effort individuel ne pourra lutter, où même l'énergie collective d'un groupe d'ouvriers restera vaincue par la nature des choses. Les mineurs de houille, spécialement, ne pourront jamais réunir les ressources indispensables à l'exploitation d'une mine... Ils sont condamnés à demeurer les serviteurs du capital... » Or, si pour améliorer la condition des mineurs, on commence par ruiner la mine, qui réunira ces ressources et que deviendra le mineur ? Si, les frais de production s'étant accrus, telle exploitation est écrasée sous la concurrence intérieure ou l'ensemble des exploitations est écrasé sous la concurrence étrangère, que deviendra le mineur ? On ne peut sans avoir posé ces questions générales aborder utilement l'examen des questions spéciales sur lesquelles les pouvoirs publics auront à se prononcer.

Section III

Voici, dans l'ordre même qu'ont adopté les *Cahiers de doléances*, les « réformes nécessaires » qu'on réclame au nom des ouvriers mineurs : 1° révision du décret du 3 janvier 1813 sur la police des mines ; 2° réorganisation des caisses de secours ; 3° création de conseils de prud'hommes spéciaux ; 4° réduction de la journée de travail.

Il n'est pas inutile de rappeler que l'œuvre réglementaire de 1813, dont on demande la révision, vient d'être révisée. À la suite de l'enquête administrative ouverte en 1877, l'Académie de médecine a, le 15 mars 1881, approuvé une nouvelle instruction médicale, rédigée, au nom de sa commission d'hygiène publique, par le docteur Proust. Cette instruction, sanctionnée par le ministre des travaux publics, est jointe à la circulaire ministérielle du 31 janvier 1883, qui en a ordonné la distribution aux exploitants. À la suite, figure une sorte d'instruction populaire résumant « les secours à donner dans les cas d'accident, » qu'on recommande de répandre à un grand nombre d'exemplaires et d'afficher partout dans les galeries de mines, « de telle façon que les ouvriers l'aient toujours à leur disposition. » L'instruction de février 1813 est ainsi remplacée. Comme nous l'indiquions, on a mis à profit, dans l'intérêt des mineurs, les derniers progrès de la science médicale.

On a fait aussitôt observer qu'il ne suffisait pas d'une bonne leçon d'hygiène pour assurer la complète sécurité du travail. D'abord le meilleur règlement ne peut pas tout prévoir : ensuite il ne sert à rien s'il n'est pas appliqué. Par exemple, un représentant des ouvriers mineurs a signalé, le 5 décembre 1883, à la commission législative chargée d'examiner les projets de réforme, « un puits qui a fait trois cents victimes en six ans : » ces accidents lui semblaient devoir être imputés, du moins en partie, à la négligence de la compagnie. L'exploitation était mal faite, les gaz s'accumulaient, la houille était sèche et maigre, beaucoup de poussière se formait sur les bois ou le long des parois, des courants d'air n'étaient pas établis, la mine n'était pas divisée par quartiers, etc. » S'il y avait eu des hommes compétents pour faire observer à l'ingénieur ces défectuosités, ajoutait-il, ces accidents, aussi désastreux pour les compagnies que pour les ouvriers, auraient pu être évités. »

Or, en Angleterre, la loi du 10 août 1872, sur les mines de houille, avait autorisé les ouvriers à déléguer deux d'entre eux pour faire à leurs frais, une fois par mois, la visite de la mine, chacune des visites devant être constatée par un rapport inscrit sur un registre spécial et signé par les délégués qui l'auraient faite. Trois autres registres étaient institués par cette loi : le registre des visites faites par les employés de la mine pour aérage, celui de leurs visites en cas de danger, celui des visites quotidiennes de galeries et des visites hebdomadaires de puits. Les « inspecteurs, » qui remplacent, chez nos voisins, les ingénieurs des mines, pouvaient, quand ils le jugeaient utile, contrôler ces trois registres par le « registre des visites d'ouvriers. » Un certain nombre de députés pensèrent qu'il y avait lieu d'emprunter à Angleterre l'institution des délégués mineurs, et leur proposition a été votée en première lecture par la chambre, le 16 octobre 1884.

On peut se demander si les compagnies ne sont pas allées trop loin lorsqu'elles ont repoussé sans la moindre réserve l'innovation acceptée par le parlement anglais. Quand la sécurité des ouvriers est en jeu, mieux vaut trop faire que faire trop peu. Modelée sur le type anglais, l'institution des délégués mineurs eût pu rendre des services. Toutefois, après y avoir mûrement réfléchi, nous ne pouvons blâmer les exploitais d'avoir combattu le projet tel qu'on vient de l'approuver provisoirement au Palais-Bourbon. La loi de 1872 est une œuvre à la fois démocratique et libérale ; mais nous avons tenu, ce semble, à prouver une fois de plus que nous ne savons pas concilier l'esprit démocratique et l'esprit de liberté.

La loi anglaise *permet* aux ouvriers de « désigner de temps en temps, » si bon leur semble, des délégués ; le projet de loi français débute ainsi : « Il *devra* être établi un ou plusieurs délégués mineurs et autant de délégués suppléants dans toutes les exploitations minières occupant plus de deux cents ouvriers travaillant à l'extraction ou employés au fond de la mine. Il pourra être établi des délégués dans les exploitations occupant un moins grand nombre d'ouvriers. Il sera même loisible de grouper, pour être comprises dans une même circonscription de délégués, s'il y a lieu, des exploitations distinctes d'un même bassin. Dans l'un et l'autre cas, *il y sera pourvu par décrets*, qui fixeront le nombre et l'étendue des circonscriptions et, dans les six mois de la promulgation de la présente loi, appelleront les électeurs à nommer un délégué et un délégué suppléant par chaque circonscription. » Donc, si les ouvriers et les exploitais sont d'accord pour reconnaître qu'il est inutile de nommer des délégués dans telle ou telle exploitation, ils seront néanmoins obligés de le faire. Bien plus, le gouvernement peut arbitrairement, malgré les uns et les autres, grouper des exploitations distinctes pour l'élection d'un délégué. Pourquoi donc agir par la contrainte ? L'état ne cessera-t-il pas de se persuader qu'il sait tout, qu'il voit tout, qu'il peut tout et qu'il est chargé de faire notre bonheur, même à notre corps défendant ?

« Ceux qui seront ainsi désignés, poursuit le législateur anglais, *seront libres*, au moins une fois par mois, de parcourir toutes les parties de la mine et d'inspecter les puits, chantiers, etc. Le propriétaire, gérant ou directeur, *s'il le juge à propos*, les accompagnera lui-même ou les fera accompagner. » Ainsi chacun garde sa liberté d'action. Voici notre projet de loi : « Les délégués, dans leur circonscription respective, *devront* consacrer, chaque mois, un temps équivalent à deux journées de travail à la visite des travaux intérieurs des mines. Ils *doivent*, en outre, procéder sans délai à la constatation des accidents survenus dans les mines ou causés par les travaux des mines. » Non-seulement les ouvriers sont astreints aux visites, même quand ils les jugeront superflues, mais l'état détermine uniformément, d'avance, la durée de ces visites pour n'importe quelle mine, comme si leur nombre et leur nature ne devaient pas varier avec la nature même de l'exploitation. L'état, en Angleterre, persiste à ne pas sortir de ses attributions naturelles ; nous, nous continuons d'appliquer le système inverse. Or, il est bon de le rappeler, alors que le gouvernement anglais soumettait au parlement son projet de loi, les ouvriers protestèrent contre une seule clause : celle qui leur conférait le droit de visiter les travaux, et pourtant il ne s'agissait que de visites facultatives.

Le projet français contient cette phrase finale : « Les visites et constatations ci-dessus prescrites sont payées aux délégués comme journées de travail et restent aux frais des exploitants. » Le législateur anglais laisse, au contraire, le déléguant rémunérer le délégué. Celui qui commande un travail doit le payer, ont dit à ce propos les compagnies. C'est, en effet, une règle de droit fondée sur le sens commun, uniformément applicable, et qui ne doit pas plier, dans un pays où tous les citoyens sont égaux devant la loi, sous un intérêt particulier.

Mais le vice principal du projet est dans la nature même des attributions qu'il donne aux délégués. Ceux-ci deviennent de véritables fonctionnaires, car ils sont investis par leurs pairs d'une double « fonction. » Ils devront procéder comme les agents de l'état, mais « isolément et en dehors de leur ingérence » : 1° au contrôle et à la vérification des travaux intérieurs ; 2° à la « constatation » des accidents.

Les ingénieurs des mines exercent aujourd'hui le contrôle et la vérification des travaux intérieurs avec le concours des « gardes-mines, » sortis eux-mêmes de l'École des mines de Saint-Étienne ou des écoles de maîtres mineurs d'Alais ou de Douai, après un examen sérieux qui roule sur l'art des mines, la mécanique, la géologie, etc. Les compagnies ont comparé cet examen technique à l'examen physiologique du médecin qu'on appelle pour soigner un malade. Se trompent-elles ? Écoutons un ouvrier, le mineur Jouve, qui eut, dans la conférence du 1er octobre 1882, à Saint-Étienne, le courage de combattre les utopies de certains collectivistes : « Dans une mine il n'y a pas seulement des ouvriers, il y a aussi des ingénieurs. Si demain on donnait la mine aux ouvriers, ils ne sauraient pas l'exploiter. Tous les membres du congrès qui les poussent à la révolte aujourd'hui pourraient leur donner des conseils ; mais ils n'en seraient pas plus avancés. » Il faudrait, en effet, beaucoup d'aveuglement pour méconnaître le caractère technique de cette exploitation. C'est pourquoi dans les pays les plus avancés de l'Europe, par exemple en Prusse, la loi se montre plus sévère et plus minutieuse qu'en France lorsqu'il s'agit de choisir les surveillants ou les directeurs et de constater leur aptitude [15]. Donc, si nous ne suivons pas les compagnies lorsqu'elles s'efforcent de démontrer « l'inutilité absolue » des délégués mineurs sous prétexte que « les explosions de grisou sont très rares » ou que, sur mille accidents, neuf cent quatre-vingt-quinze sont purement fortuits [16], nous les approuvons quand elles tâchent d'empêcher qu'on ne place côte à côte, sur un pied d'égalité, les ingénieurs des mines, secondés par les gardes-mines, et les délégués mineurs. Ceux-ci, nous l'admettons, ne suivraient pas l'exemple des

« présidons de puits, » qui, élus par leurs camarades en 1848, se posèrent en contradicteurs systématiques des ingénieurs et entravèrent complètement, sur certains points, les travaux des mines. Mais quelle sera leur compétence ? comment pourront-ils soit contredire en temps opportun, soit même avertir utilement les ingénieurs, alors qu'il leur suffit d'ailleurs, pour être éligibles, d'avoir été, depuis un an, attachés à l'exploitation ? Ils n'ont pas même l'instruction théorique ou pratique des maîtres mineurs et seront appelés à les redresser ! Encore comment ne pas prévoir que ces élections revêtiront un caractère politique et qu'on déléguera souvent, non le meilleur ouvrier, mais l'orateur le plus fougueux ou « l'anarchiste » le plus convaincu ? Cet homme d'état ne voudra ni ne pourra s'adonner u au contrôle et à la vérification des travaux intérieurs ; » s'il tente de le faire, il n'apercevra pas les dangers réels et signalera des dangers imaginaires. On avait voulu garantir la sécurité des mineurs ; on l'aura compromise.

Il s'en faut, ne l'oublions pas, que les faits permettent de bouleverser à la légère le système français. Voici, sur mille mineurs, le nombre de ceux qui sont morts à la suite d'accidents : en Saxe, 3, 39 ; en Prusse, 2,90 ; dans le Hainaut, 2,38 ; en Angleterre, 2,18 ; en Autriche, 2,11 ; en France, 2,09. Ces chiffres sont établis par M. Vuillemin sur une statistique de dix années.

En outre, les délégués mineurs seraient adjoints aux agents de l'état pour la « constatation » des accidents. Aujourd'hui, dès qu'un accident est arrivé, l'exploitant est tenu d'en donner connaissance immédiate à l'ingénieur des mines et au maire de la commune. Ce n'est pas là, qu'on le remarque, un simple conseil ; les exploitons et les directeurs qui manquent à cette prescription peuvent être et sont, en effet, traduits devant les tribunaux. L'ingénieur se transporte sur les lieux et dresse un procès-verbal de l'accident « séparément ou concurremment avec les maires ou autres officiers de police. » Absent, il est remplacé par « les élèves, conducteurs et gardes-mines assermentés. » Les procès-verbaux sont transmis sur-le-champ au préfet et au procureur de la république. Enfin, d'après une circulaire ministérielle du 30 avril 1883, l'ingénieur, « dès qu'il s'est rendu sur le chantier de l'accident, doit se faire une règle absolue d'interroger séparément chaque témoin et d'inviter toutes les autres personnes qui pourraient se trouver présentes à se retirer pendant qu'il reçoit les dépositions. » Il nous est impossible de comprendre pourquoi l'on compliquerait ce mécanisme très simple par l'intervention du délégué mineur.

Que fera ce délégué ? Sans doute il devra, de son côté, dresser un autre procès-verbal. En thèse, voilà beaucoup, trop de procès-verbaux. Le maire et les autres officiers de police judiciaire sont dans leur rôle : ils offrent des garanties d'impartialité bien différentes. Ils ne représentent personne, si ce n'est le public : ce sont des magistrats. Cependant on leur adjoint, dans cette circonstance spéciale, un ingénieur, parce que le côté technique de la question peut leur échapper : il s'agit, en effet, non-seulement de constater l'accident, mais de l'expliquer, parfois d'y remédier. Mais pourquoi leur adjoindre les délégués ? Est-ce que l'officier de police judiciaire et l'ingénieur ne se contrôlent pas l'un l'autre ? L'un et l'autre sont d'ailleurs désintéressés tandis que le délégué mineur ne l'est pas et, chose étrange ! c'est parce qu'il ne l'est pas qu'on le fait entrer en scène. Si quelque mineur a été tué ou blessé, les auteurs du projet trouvent bon qu'un représentant des ouvriers paraisse et dirige à son tour l'enquête. Qu'on se figure la partie civile agissant, dans n'importe quelle affaire criminelle, non plus par l'organe d'un conseil, mais par celui d'un magistrat instructeur, c'est-à-dire nommant, elle, un juge d'instruction au petit pied qui va corriger, peut-être défaire l'œuvre du juge véritable. Quel chaos ! quel prétexte à conflits ! Cependant il y a quelqu'un qu'on ne peut pas sacrifier, c'est l'exploitant, j'allais dire l'accusé ne sera-t-il pas, en effet, condamné soit à des dommages-intérêts, soit même à l'amende ou à l'emprisonnement si l'on peut imputer le sinistre à sa négligence ? Il faut donc aussi conférer à l'exploitant le droit de nommer son commissaire, son délégué, son juge instructeur. Nous touchons à l'absurde.

La démocratie n'est pas une oligarchie à rebours ; c'est la république tout entière. Elle manque à son principe lorsqu'elle réclame des fonctionnaires à sa dévotion comme les religionnaires réclamaient, au XVIe siècle, des tribunaux mi-partis et des places de sûreté. C'est, en outre, le plus souvent et, cette fois encore, sous l'empire d'un préjugé, qu'elle cherche à sortir du droit commun. Si l'on veut donner aux délégués mineurs de telles attributions, c'est que l'ingénieur des mines est devenu suspect. Ceux-là sont pourtant les vrais mandataires du peuple qui apportent à la chose publique le concours de la science ; la science véritable est au service de la justice et de l'égalité puisqu'elle est, à moins de se renier elle-même, au service exclusif de la vérité. On se trompe étrangement si l'on se figure que ces hommes spéciaux abusent de leur instruction technique, d'abord pour falsifier les éléments de l'enquête en troublant l'intelligence des gardes-mines, des maîtres mineurs, des ouvriers eux-mêmes et en les amenant à dire le contraire de ce qu'ils savent, ensuite pour duper soit les préfets qui vont lire leur rapport, soit les maires, les maires élus, appelés expressément à faire près d'eux, et comme eux, un autre rapport sur le même événement. Ils le voudraient qu'ils ne le pourraient pas.

On propose, en second lieu, de réorganiser les caisses de secours. Le décret du 2 janvier 1813 enjoint aux exploitants d'entretenir sur leurs établissements, « dans la proportion du nombre des ouvriers et de l'étendue de l'exploitation, » les moyens de secours indiqués par le ministre de l'intérieur (art. 15), et met en outre à leur charge (art. 20) « les dépenses qu'exigent les secours donnés aux blessés, noyés ou asphyxiés. » Mais aucun texte législatif ne leur commande d'instituer des caisses de secours. Jules Favre, dans un procès célèbre, tenta sans doute, en s'appuyant sur un vieil édit de Henri IV, de faire juger le contraire par le tribunal de Saint-Étienne ; mais l'édit avait été formellement abrogé par Louis XV (septembre 1739 ; et cette thèse juridique, qui ne reposait sur aucun fondement, fut aussitôt écartée. Les exploitant et les ouvriers se sont, en conséquence, passés du législateur. Un grand nombre de caisses sont nées et prospèrent sous ce régime de liberté. Toutes, à vrai dire, n'ont pas été conçues sur le même type, et ce défaut de symétrie choque, à coup sûr, un certain nombre de nos compatriotes ; nous n'avons pas, confessons-le, cet amour intolérant de la symétrie et nous nous soucions assez peu que l'état mette partout, en cette matière, la règle et le compas. Ce qui importe, c'est que les caisses vivent et que leurs formes diverses répondent aux besoins des diverses exploitations.

MM. Louis Reybaud, George Salomon, Burat, Vuillemin, Etienne Dupont et bien d'autres ont décrit tour à tour ces institutions de prévoyance que le libre accord des patrons et des ouvriers mineurs a fait jaillir, sur tous les points du territoire, du sol français. La compagnie d'Anzin, par exemple, — les lecteurs de la *Revue* ne l'ont pas oublié [17], — n'opère aucune retenue sur les salaires pour assurer aux mineurs des secours et des pensions ; elle se charge de toutes les dépenses. C'est ainsi qu'elle a déboursé directement pour un personnel de 12,230 ouvriers une somme de 1,312,829 fr. 24 en 1875, une somme de 1,388,052 fr. 51 en 1882. Dans cette dernière année, Liévin, en dépensant pour le même objet 281,304 fr. 31, a dépensé plus encore eu égard à sa production et au nombre de ses ouvrière. A Bruay (Pas-de-Calais), l'ancienne caisse de secours, alimentée par une retenue de 3 pour 100 sur les salaires, par une cotisation de la compagnie, etc., a été remplacée en 1872 par une caisse nouvelle à la charge exclusive des exploitants et qui supporte les dépenses de l'instruction publique, du service de la santé, des secours et des pensions. Courcelles, d'après ses statuts de 1878, retient chaque année sur le bénéfice net, après la répartition de 5 pour 100 au capital engagé, 1/10 pour le fonds de réserve et, sur cette réserve, applique2 pour 100 à la caisse de secours. Ostricourt retient aux ouvriers 2 pour 100 et verse une allocation égale de 2 pour 100. Dans presque toutes les autres caisses des bassins du Nord et du Pas-de-Calais, l'actif est composé par une retenue sur les salaires, qui varie de 2 à 3 pour 100, par une subvention de la compagnie qui varie de 1 à 2 pour 100 des salaires, par les amendes et par les intérêts des capitaux. Toutefois le conseil d'administration des mines de Bé thune a décidé, dans les premiers mois de 1884, que la compagnie prenait désormais à sa charge les trois quarts des dépenses de la caisse. Dans quelques-unes de ces mêmes mines, par exemple à Liévin, à Grenay, on a créé, outre la caisse de secours proprement dite, une caisse d'épargne qui reçoit en dépôt les économies des ouvriers et leur paie un intérêt de 5 ou même de 5,65 pour 100. La compagnie d'Aniche a même fondé des prix, variant de 10 à 60 francs, pour les ouvriers qui auront fait dans l'année les versements les plus importants. Dans les mêmes bassins, les caisses de secours accordent généralement par jour : 1 fr. 50 ou 2 fr. 40 au « piqueur » marié, 1 fr. 20 ou 1 fr. 80 au piqueur célibataire, selon qu'il est simplement malade ou qu'il a été blessé, et un supplément de 2 à 3 francs si le blessé a besoin d'être « veillé. » Elles accordent des pensions viagères aux vieux ouvrière impropres au travail : de 240 à 328 francs après vingt-cinq à trente ans de services ; de 328 à 380 francs après trente à trente-cinq ans ; de 380 à 408 après trente-cinq à quarante ans, de 408 à 480 au-delà de quarante ans. Les veuves d'ouvriers tués reçoivent 300 francs et les veuves d'ouvriers pensionnés ou morts naturellement pendant qu'ils étaient encore occupés, de 72 à 168 francs selon les années de service de leurs maris.

Au Creuzot, depuis 1877, la compagnie opère tous les ans, à la caisse des retraites pour la vieillesse, un versement calculé à raison de 2 pour 100 des salaires du personnel non marié, de 3 pour 100 des salaires du personnel marié, mais sans avoir fait, sur ces salaires, le moindre prélèvement. D'après les derniers statuts de Blanzy (Saône-et-Loire), la caisse de secours transformée en société de secours mutuels est alimentée par une retenue de 3 pour 100 sur les salaires, par une subvention égale des exploitants et par quelques autres produits accessoires ; mais la compagnie fournit, outre sa cotisation, l'usage gratuit des bâtiments nécessaires aux écoles, à l'hôpital, à la pharmacie, au logement des médecins et des instituteurs, ainsi que le chauffage et que le premier mobilier de tous ces bâtiments : de plus, elle a fondé, il y a vingt ans, une caisse de retraite, à sa charge exclusive, qui assure aux ouvriers mariés et célibataires des pensions de 300 et de 240 francs pour soixante ans d'âge et quarante ans de service, de 240 et de 180 francs pour. cinquante-cinq ans d'âge et trente-cinq ans de service.

Dans le bassin de la Loire, les diverses sociétés minières gardent des caisses particulières qui ont encore à leur charge les soins à donner en cas de maladie et les secours aux ouvriers légèrement blessés. Ces blessés reçoivent 1 franc par jour, plus 0 fr. 25 pour leurs enfants au-dessous de douze ans, les veuves 0 fr. 00 et chacun de leurs jeunes enfants 0 fr. 25. Il est aussi alloué 1 franc par jour aux malades. Mais les plus importantes de ces sociétés, au nombre de six, se sont entendues depuis quinze ans à l'effet d'organiser en commun une caisse centrale pour l'allocation de secours plus étendus et de pensions de retraite. Celle-ci est administrée par un conseil où siègent ensemble les délégués des exploitants et les délégués élus des ouvriers [18]. Alimentée à la fois par les exploitants et par les ouvriers [19], elle alloue dans des conditions déterminées : 1° des secours en argent à l'ouvrier blessé par un accident de mine, lorsque l'incapacité de travail aura duré plus d'un an et, lorsqu'elle présente un caractère permanent, une pension viagère ; 2° une pension viagère à la veuve de l'ouvrier mort par suite d'un accident de mine et des secours aux enfants qu'il a laissés ; 3° une pension de retraite à l'ouvrier qui remplit certaines conditions d'âge et de travail. Une pension de retraite est allouée à tout ouvrier mineur, de l'intérieur ou de l'extérieur, attaché aux travaux d'une des exploitations associées, dès qu'il est âgé de cinquante-cinq ans et compte trente ans de service effectif dans une ou plusieurs de ces exploitations. La pension est de 300 francs par an ; mais l'ouvrier qui, présentant certaines conditions d'âge et de service, est encore employé dans les mines au-delà de la limite prévue, a droit, en sus, à 25 francs par nouvelle année de travail. Enfin la veuve de l'ouvrier décédé pensionnaire ou avec un droit acquis à la pension reçoit elle-même la moitié de la pension qu'il avait ou aurait eue, pourvu qu'au moment de ce décès elle ait atteint cinquante-cinq ans et compte plus de cinq ans de mariage [20].

La caisse de secours de Bessèges, alimentée par une retenue de 2 pour 100 sur les salaires et par une subvention égale de la compagnie, ne contribue pas aux frais du service médical, que les exploitants prennent à leur charge, mais emploie toutes ses ressources à secourir les blessés, les malades, les veuves, les invalides et les familles ouvrières réduites à l'indigence. En outre, depuis 1873, une caisse de retraites, distincte de la première, est formée par une retenue de 1 pour 100 sur les salaires et par une subvention égale de l'exploitant, les fonds devant être employés en rentes sur l'état. M. Etienne Dupont calculait naguère que, pendant une période de cinq ans, cette compagnie houillère avait dépensé par année moyenne, pour secours divers accordés à un personnel de deux mille quarante-trois ouvriers, une somme de 242,427 francs. De même, à la Grand'Combe, à côté d'une association de secours mutuels alimentée par une retenue de 3 pour 100 sur les salaires et par une dotation de la compagnie [21], on a institué en 1870 une caisse de retraite, obligatoire pour les employés et facultative pour les ouvriers, dont l'actif est composé par une retenue de 1 pour 100 sur les appointements ou les salaires, sans qu'un prélèvement supérieur à 24 francs puisse être exercé, et par un versement, qu'opère la compagnie, de 1 pour 100 sur les bénéfices de l'année. En outre, cette compagnie reçoit en dépôt les économies de ses employés et de ses ouvriers, jusqu'à une certaine somme, en servant 5 pour 100 d'intérêt [22].

Cette description, quoique incomplète, suffit à donner une idée des efforts tentés et des succès obtenus sous le régime de l'initiative individuelle et de la liberté. On connaît les traits principaux de l'organisation qu'il s'agit aujourd'hui de détruire et de remplacer.

Les *Cahiers de doléances* signalent cette transformation comme la première et la plus importante de toutes les réformes. Après avoir, dans des considérations générales, protesté contre l'intervention exagérée de l'état, « déplorable tradition qui date de l'autocratie de Louis XIV, » et fait l'éloge du *self-help* au nom du prolétariat français, ils demandent (§ XXXVIII) que « la loi future fasse de la caisse des mineurs une *institution* d'état. » En fait, à les en croire, les caisses de secours sont mal administrées et les ouvriers sont privés d'une partie des ressources qu'elles produisent : en droit, il faudrait créer de vive force une caisse centrale de secours dans chacun des neuf bassins houillers français (plutôt qu'une caisse par exploitation), afin de remédier à la pénurie des petites sociétés et d'imposer partout un même tarif. L'administration de ces caisses locales serait confiée à un conseil mixte de six membres, deux patrons et quatre ouvriers ; la répartition des secours serait faite par un comité de trois ouvriers élus par l'assemblée générale des mineurs dans chaque exploitation. De plus, il est nécessaire de créer une caisse centrale des mineurs, « institution d'état » (§ XXXIX), analogue à la caisse des invalides de la marine, qui s'étendrait à tout le territoire français et serait en même temps une « caisse de prévoyance » et une « caisse de retraite. » On arriverait, d'après des calculs qui nous semblent, à vrai dire, peu concluants, à doubler le tarif des secours.

Ces vœux, plus ou moins fidèlement traduits, ont passé dans quatre des propositions de loi que nous avons énumérées. MM. les députés Reyneau et Gilliot prétendent imposer aux concessionnaires l'obligation de créer d'abord des caisses de retraite, ensuite des caisses du secours et d'abonnement à la caisse nationale d'assurance contre les accidents. Les unes et les autres seraient alimentées par une retenue de 6 pour 100 sur les salaires et par les versements obligatoires des compagnies, égaux au montant de cette retenue. Les pensions seraient accordées dès l'âge de quarante-cinq ans, après vingt-cinq années de travail. L'administration des caisses serait confiée à une commission mixte, mais où les délégués des ouvriers seraient deux fois plus nombreux que ceux des patrons. MM. Brousse, de Lanessan, etc., imposent également à « tous les exploitants des mines » l'obligation « d'instituer des caisses de retraite et secours dans leurs établissements » et proposent de les alimenter : 1° par un versement de 10 à 15 pour 100 sur les bénéfices de l'exploitation (sans prévoir le cas où l'exploitation ne donnerait pas de bénéfices) : 2° par une retenue mensuelle de 3 à 6 pour 100 sur le salaire des ouvriers. On fournirait une pension de retraite après trente ans de travail (sans condition d'âge) et une retraite proportionnelle à ceux qui, après *cinq* ans de versement, *cesseraient leur état en France* ou auraient contracté dans leur travail une incapacité de service. L'administration des caisses appartiendrait aux ouvriers. Enfin « les caisses d'un même bassin seraient centralisées et solidarisées. » MM. Chavanne et Girodet créent « une caisse centrale de prévoyance et de retraite, » commune à tous les mineurs français, qui serait administrée par la caisse des dépôts et consignations et alimentée : 1° par une retenue « obligatoire » de 5 pour 100 sur les salaires ; 2° par une allocation de chaque compagnie égale à la retenue versée par ses ouvriers ; 3° par une subvention de l'état ; 4° par les subventions facultatives des départements et des communes, etc. Chaque ouvrier aurait un carnet individuel constatant les versements faits à son compte, et dont la production lui permettrait d'obtenir à un moment quelconque une retraite proportionnelle. La pension serait accordée de droit après vingt-cinq ans de travail, sans condition d'âge, pour les ouvriers du fond, et à cinquante ans pour ceux de l'extérieur. Toutefois les caisses locales subsisteraient encore, alimentées par une subvention de la caisse centrale et par « les fonds de réserve des caisses réorganisées, répartis entre les caisses de chaque bassin pour leur servir de capital de premier établissement ; » centralisées et solidarisées par arrondissement minier, administrées par des comités locaux de dix-huit membres dont les deux tiers seraient « délégués » par les ouvriers ; elles seraient chargées de fournir des secours aux malades et aux blessés, quelles que fussent les causes de l'accident, aux enfants au-dessous de douze ans et aux femmes et veuves des ouvriers blessés ou tués à la mine, » Le projet de M. Waldeck-Rousseau n'est pas précisément conçu sur le même type. Il énonce simplement que « la formation et l'organisation des caisses de prévoyance entre ouvriers d'une ou plusieurs mines, d'un ou plusieurs départements sont dispensées de toutes formalités, sauf celle de la publicité… » Par conséquent, ces ouvriers ne sont obligés à rien. Mais, dès que l'association est formée, ses ressources se composent nécessairement, outre les cotisations fixées par les statuts, « d'une contribution » égale au montant de ces cotisations et *prélevée sur le concessionnaire*, sans qu'elle puisse excéder six francs par mois et par tête [23]. » Les ouvriers reçoivent des pensions viagères de retraite, dont le maximum est de 1,200 francs, « proportionnelles aux versements et liquidées : soit de plein droit, sans condition d'âge, après vingt-cinq ans de travail dans les mines, soit proportionnellement en cas d'incapacité absolue de travail. » Enfin, comme il ne s'agit que d'organiser des « associations de prévoyance entre ouvriers mineurs, » les concessionnaires sont virtuellement exclus de toute administration. Sans réfuter une à une et par le menu ces diverses propositions, expliquons brièvement pourquoi le système actuel nous semble préférable au nouvel état de choses qu'on voudrait lui substituer.

Les adversaires du régime français peuvent invoquer à l'appui de leurs propositions, nous nous hâtons de le reconnaître, les législations de l'Autriche et de la Prusse : « Des caisses de secours mutuels, dit la loi autrichienne de 1854, seront établies dans l'intérêt des ouvriers mineurs nécessiteux, de leurs veuves et de leurs orphelins. Tous les propriétaires de mines seront *tenus* d'ériger une caisse de secours spéciale pour leurs exploitations ou de s'entendre à ce sujet avec d'autres propriétaires de mines, sous l'approbation de l'autorité minière. Tout surveillant ou ouvrier reçu dans une mine est *tenu* de faire partie de la caisse de secours mutuels et d'y verser sa quote-part. » Bien plus, on a jugé bon d'imposer par l'article 213 de cette loi un type de statuts en huit chapitres principaux auquel tout le monde doit se soumettre. La loi prussienne de 1865 institue de même en faveur des ouvriers mineurs des « associations de prévoyance » obligatoires. Elle énumère la série des o avantages » que chacune d'elles doit procurer à ses membres. Elle astreint expressément soit les ouvriers, soit les chefs d'industrie à » contribuer aux caisses de prévoyance et de secours en cas de maladie. » La cotisation des ouvriers s'effectue soit par la retenue d'une quote-part de leurs salaires, soit par un versement fixe équivalent ; celle des chefs d'industrie *doit* s'élever *au moins* à la moitié de l'autre. Les chefs d'industrie « sont obligés et peuvent être contraints » d'opérer le recouvrement des cotisations ouvrières et d'en faire le versement. Nous savons, d'ailleurs, que l'Allemagne ne s'est pas arrêtée sur cette pente et qu'une loi plus récente rend obligatoire pour tous les ouvriers de l'industrie leur participation à une société de secours mutuels. Peu s'en est fallu que M. de Bismarck ne fît étendre l'obligation aux ouvriers agricoles. Mais il ne suffit peut-être pas que le grand chancelier nous donne un exemple pour que nous le suivions en toute hâte et les yeux fermés. Il s'en faut, d'ailleurs, qu'on l'ait suivi dans toute l'Europe. En Belgique, aucune loi n'impose aux exploitants l'obligation de créer des caisses de secours ou de participer aux caisses communes de prévoyance. Cette création et cette participation sont entièrement facultatives. Tout repose encore sur le libre effort des individus dans l'organisation de ces ligues de métiers connues en Angleterre sous le nom de *trade-unions* ou de *tride societies* et qui concourent, avec les *friendly societies*, les *saving banks*, les *penny banks* et certains *clubs* spéciaux, à l'œuvre de l'assistance mutuelle. Les deux lois anglaises du 10 août 1872, relatives : l'une, aux mines métalliques ; l'autre, aux mines de houille, ne contiennent aucune prescription sur les caisses de secours, qui ont atteint le plus grand développement possible sous le régime de la plus complète liberté.

Le premier vice des nouveaux projets, c'est de porter à la liberté des exploitants une grave atteinte. Trois sur quatre les astreignent à fonder, qu'ils le veuillent ou non, des caisses de secours et de prévoyance. Or, dans tous les cas où l'exploitation donne des bénéfices, la contrainte devient inutile et n'est plus qu'un mauvais procédé de gouvernement, puisque toutes les compagnies florissantes font de leur plein gré ce qu'on prétend leur imposer de vive force. Mais, si l'exploitation ne donne que des pertes, il est déraisonnable de forcer la main aux concessionnaires : sur quoi prélèveront-ils leur part contributive ? Il se peut que ce sacrifice, si léger qu'on le suppose, lasse des chefs d'industries déjà mécontents et provoque une liquidation hâtive : si les ouvriers n'ont plus d'ouvrage, on aura bien mal compris leurs intérêts. En outre, la caisse une fois fondée, les quatre projets s'accordent à l'alimenter par un versement obligatoire des exploitants, et ce versement est, dans trois projets sur quatre, égal au montant des retenues opérées sur les salaires. Or les compagnies françaises paient une contribution tantôt supérieure, tantôt inférieure à la cotisation des ouvriers, selon l'état de leurs affaires ; en outre, il est facile de constater que, depuis plus d'un demi-siècle, à chaque occasion favorable, les ouvriers obtiennent une élévation de cette quote-part proportionnelle. C'est, dans de telles conditions, une véritable maladresse que d'établir législativement un tarif moyen. Encore si, tout en sacrifiant la liberté des exploitants, on respectait leur dignité ! Mais en même temps qu'on les met en demeure d'apporter une contribution au moins égale à celle des ouvriers, on leur enlève toute part effective à l'administration des caisses [24], soit qu'on les mette en minorité dans les conseils de surveillance, soit qu'on les en chasse purement et simplement. On s'est gardé, bien entendu, de suivre sur ce dernier point l'exemple de l'Allemagne. Cependant, outre qu'on peut se demander si, dans les temps de grève et d'agitation ouvrière, alors que les mineurs eux-mêmes se divisent, les secours seront distribués avec une impartialité rigoureuse, l'injustice est flagrante, car tous les contribuables ont un droit égal à contrôler l'emploi des sommes qu'ils ont versées, et, d'ailleurs, la prestation même des ouvriers, ainsi que les compagnies l'ont fait souvent observer, finit presque toujours par retomber à la charge de l'exploitation, le taux des salaires tendant à s'élever, par la force des choses, d'une quote-part à peu près égale à la retenue.

En méconnaissant la liberté des patrons, on n'a guère mieux respecté celle des ouvriers. D'après trois projets sur quatre, ils doivent coopérer à l'établissement des caisses. Les caisses une fois fondées, trois projets sur quatre leur enjoignent de former par leurs contributions une partie du nouveau capital. La retenue sur les salaires est soit de 5 pour 100, soit de 6 pour 100, soit de 3 à 6 pour 100. « Le régime demandé par les ouvriers, a-t-on dit le 5 décembre 1883 devant la commission d'enquête, c'est de les amener à faire un effort personnel pour se créer des ressources. » C'est très douteux. Je lis, en effet, dans les procès-verbaux de la même commission : « M. *Reyneau* se déclare partisan de la retenue obligatoire ; cependant il est effrayé, comme législateur, de l'inscrire dans une loi et de l'imposer à tous les ouvrière mineurs. Il ajoute qu'au Creuzot, ou à Montceau-les-Mines, il n'est pas certain que les ouvriers acceptent cette obligation… Un *délégué de la Creuse* répond que, grâce à la pression exercée par la compagnie sur les ouvriers de Montceau-les-Mines, ceux-ci n'ont pas pu envoyer de délégué à la commission ; mais il croit pouvoir ajouter qu'à Montchanin et à Montceau-les-Mines les ouvriers « ont d'accord sur ce point. M. *Reyneau* dit qu'il a reçu cependant plusieurs lettres dans le sens contraire, invoquant la modicité des salaires. » Peut-être si fous les ouvriers étaient mis à même de s'expliquer librement, recevrait-on beaucoup de lettres pareilles. Il n'est pas démontré que notre régime de liberté pèse à la majorité des mineurs. Or le législateur excède son droit lorsqu'il entame le salaire, propriété de l'ouvrier, sans son consentement formel, même avec l'intention de le lui rendre sous une autre forme.

Il n'y a pas, d'ailleurs, deux façons de traiter cette question : il s'agit ici non de bâtir des systèmes, mais d'empêcher que les ouvriers manquent de pain. Un des délégués mineurs entendus par la commission législative croit pouvoir décidément résumer les vœux de ses camarades en demandant l'établissement d'une caisse « alimentée par une retenue de 5 pour 100 sur les salaires. » Or aucun prélèvement n'est exercé sur les salaires non-seulement par Anzin, Bruay et Le Creuzot, mais encore par Montrambert et La Béraudière, Roche-la-Molière et Firminy, Rive-de-Gier, La Péronnière, Aubin, Saint-Chamond ; et ces compagnies occupent 30,000 ouvriers, c'est-à-dire presque le tiers de notre population minière. Il n'y a pas, je crois, d'exploitants, en France, qui prélèvent sur les salaires une retenue supérieure à 3 pour 100, et d'importantes compagnies retiennent moins de 3 pour 100 : par exemple Carmaux, Ahun, Brassac, Courrières, Billy-Montigny, Terrenoire. Peut-on soutenir que la mesure proposée ne sera pas très préjudiciable aux ouvriers, lorsqu'ils verront réduire leur salaire de 5, de 3 ou même de 2 pour 100 ? Les sociétés qui ont fait jusqu'à présent à leurs frais le double service des secours et des retraites conserveraient apparemment le droit, au moment où les caisses actuelles et leurs accessoires seraient remplacés par des « institutions d'état, » d'en faire opérer la liquidation, c'est-à-dire de ressaisir tout ce que les ouvriers ne pourraient pas réclamer en vertu d'un droit acquis. A-t-on calculé tout ce qu'y perdraient les mineurs ? En Saxe et en Prusse, sous le régime de la coercition légale, les versements des concessionnaires ne montent qu'à 53 francs par tête d'ouvrier. Chez nous, en 1882, la contribution mise à la charge de la société des mines de Liévin a été, par tête, de 163 francs ; celle de Bessèges, de 118 francs ; celle d'Auiche, de 114 francs ; celle de Blauzy, de 90 francs ; celle de Firminy, de 86 fr. 50 ; celle de la société d'Epinac, qui n'a pas distribué de dividendes pendant plusieurs années, de 86 francs ; dans cette dernière compagnie, pendant que l'actionnaire ne touchait pas un centime, l'ouvrier recevait un don annuel de 80 francs [25]. Un membre de la commission législative a reconnu, dans l'enquête ouverte par la chambre des députés, qu'Anzin distribue actuellement, en sus des salaires, 1Û7 francs par ouvrier et par an. Peut-on faire abstraction de ces chiffres ? Si quelques ouvriers se plaignent d'un abus local, est-ce une raison pour tout changer ? Au lendemain de ce grand changement, nous croyons pouvoir l'affirmer, la situation générale des mineurs français aura empiré.

Quelques publicistes, il est vrai, s'attachent moins au résultat matériel qu'à la portée morale d'une telle réforme. Ce régime d'assistance privée, dans lequel les exploitants jouent un rôle de bienfaiteurs, leur parait odieux. Les mineurs sont humiliés par de tels secours et « se révoltent contre la sujétion morale que supposent de pareilles conditions d'existence. » Si le bienfait leur pèse à ce point, dira-t-on peut-être, qu'ils y renoncent ! En aucune façon ; et la conclusion est bien différente. Les exploitants donneront demain, sous l'empire d'une contrainte légale, ce qu'ils donnaient librement hier. D'abord, ayant les mains liées, ils ne pourront plus se targuer de leur munificence pour diriger ou surveiller l'emploi de leurs fonds : ensuite, puisqu'ils donneront même à leur corps défendant, ils n'auront aucun droit à la reconnaissance des donataires. Étrange manière, on en conviendra, de préparer l'union, d'assurer la solidarité du patron et de l'ouvrier [26] ! On aura d'ailleurs, en excommuniant la « charité, » porté le coup de grâce à beaucoup de fondations privées, hôpitaux, écoles, salles d'asile, cours d'adultes, orphelinats, crèches, économats, maisons ouvrières, que favorisait le mécanisme flexible des institutions anciennes et qui ne rentreront pas dans le cadre étroit des institutions officielles, comme s'il n'y avait pas toujours des faibles parmi les faibles et si l'on pouvait remédier d'avance à toutes les infortunes à l'aide d'un texte législatif ! Cependant si le régime actuel blesse les mineurs, pourquoi faire appel à la force ? pourquoi recourir à l'état ? Si les ouvriers, par un sentiment de fierté délicate ou pour s'inculquer à eux-mêmes le goût de l'épargne, veulent coopérer comme les exploitants au service des secours et des retraites, il suffit qu'ils les en informent. Personne, à coup sûr, ne refusera cette coopération. Comme ils donneront autant qu'ils recevront, le secours n'aura plus le caractère d'une aumône et chacun pourra puiser, sans rougir, au fonds de prévoyance qu'il aura formé. Mais ce sentiment de dignité personnelle s'égare lorsqu'il aboutit à remplacer un régime d'expansion libre et de commune indépendance par un système d'assistance obligatoire mis sous la main de l'état.

Les conseils de prud'hommes sont des tribunaux mi-partis de patrons et d'ouvriers, composés en nombre égal des uns et des autres. Le décret d'institution détermine, suivant l'importance du centre industriel et le chiffre probable des affaires, le nombre des membres de chaque conseil, qui doit compter au moins six juges. Quand le ressort du conseil ne comprend qu'un petit nombre de professions, les juges sont répartis de manière que chacune d'elles soit représentée ; s'il comprend beaucoup de professions différentes, le décret d'institution les divise en groupes d'industries similaires auxquelles on assigne un certain nombre de prud'hommes, proportionnel au nombre de patrons et d'ouvriers qui les exercent. Quand le président est un patron, le vice-président est un ouvrier, et réciproquement. Les prud'hommes ont jugé en 1878 dix mille affaires de moins qu'en 1868. Les ouvriers témoignent assez généralement une certaine indifférence pour cette institution, et plusieurs chambres syndicales en ont, dans ces derniers temps, réclamé la suppression. Toutefois *les Cahiers de doléances* des mineurs avaient exprimé le vœu qu'on chargeât les prud'hommes de statuer sur les litiges entre ouvriers et exploitants. Ce vœu passa dans un projet de loi que la chambre des députés a voté le 14 janvier 1884 après l'avoir légèrement amendé. Les compagnies demandent au sénat le rejet de cette proposition.

La question, à vrai dire, n'a qu'une importance secondaire et, quand un délégué des compagnies affirmait le 5 décembre 1883 devant la commission d'enquête que les mineurs du bassin de la Loire « s'en désintéressent, » nous le croyons volontiers. Nous ne faisons pas, bien entendu, aux organes des revendications ouvrières l'injure de croire qu'ils cherchaient, en proposant cette réforme, un moyen de semer la division entre les mineurs et les exploitants. Il s'agit uniquement de trouver, nous le croyons, pour les procès aujourd'hui soumis au juge de paix, un meilleur tribunal. Or les certificats officiels des greffiers établissent, à la date du 25 février 1884, que, dans l'important arrondissement de Saint — Etienne, par exemple, aucun litige entre patrons et ouvriers mineurs n'a été soumis aux juges de paix depuis trois ans, du moins pour la plupart et les plus importants des cenires d'exploitation. Des relevés analogues ont été faits pour les départements du Nord, du Pas-de-Calais, de la Haute-Loire, etc. [27]. On a sans doute insinué que, si les procès n'étaient pas plus nombreux, c'est que les juges de paix n'inspirent pas de confiance aux ouvriers. Mais cette magistrature populaire est issue de la révolution française et n'a pas été recrutée depuis plusieurs années, on le sait, parmi les adversaires des institutions démocratiques. Elle ne saurait être et n'est pas suspecte à la démocratie. Si elle ne juge pas ou presque pas de procès, c'est qu'il n'y en a pas ou presque pas à juger. Dès lors, il importe assez peu de savoir qui les jugera. Cependant, puisque la question est posée, nous tâcherons de la résoudre en quelques mots.

Les compagnies opposent au projet de loi doux ou trois arguments sans portée. Par exemple, les sociétés de mines, étant, d'après la loi de 1810, purement civiles, ne pourraient pas comparaître, à les en croire, devant les prud'hommes, qui sont, comme on l'a dit en 1853, « les juges de paix de l'industrie. » C'est un raisonnement de légiste qu'on imposerait au législateur. On a marché depuis trois quarts de siècle, et les sociétés minières ne sont plus seulement, — M. G. Stell l'a dit avec raison, — de simples compagnies d'extraction du minerai. Il est assurément loisible aux pouvoirs publics, s'ils croient bon de changer la juridiction, de ne pas se laisser arrêter sous prétexte qu'elles font valoir leur héritage comme un simple agriculteur fait valoir son champ. Il ne faut pas insister non plus sur la difficulté de trouver un juge d'appel. Il est sans doute assez difficile de donner les appels soit au tribunal de commerce, parce que ces litiges ne sont pas précisément commerciaux, soit au tribunal civil, qui ne connaît pas, en droit commun, des décisions rendues par les prud'hommes. Mais le problème n'est pas insoluble, et ces objections ne doivent pas empêcher la réforme, pourvu qu'elle soit utile. Ce qui serait déraisonnable, c'est de sortir du droit commun pour créer une mauvaise juridiction.

Or, jusqu'à ce jour, quand on établit un conseil de prud'hommes, diverses industries concourent à sa formation : c'est pourquoi, si quelque procès survient entre les patrons et les ouvriers d'une industrie particulière, il est statué par des juges désintéressés. Cette fois, au contraire, un petit nombre de mines fournirait tout le personnel. Les juges seraient parties et les parties juges, ou peu s'en faut, car chaque solution pourrait être regardée comme un précédent, et chacune des deux fractions du tribunal aurait un intérêt à ne pas laisser se former une jurisprudence qui lui serait défavorable. La tâche des pouvoirs publics est d'assurer l'impartialité du juge, et c'est pourquoi le législateur français a refusé de scinder les conseils de prud'hommes en sections, cette fois, il aurait fait de son mieux pour intéresser le magistrat au procès, c'est-à-dire pour l'amener à rendre des services au lieu de jugements. Encore si le projet voté par la chambre des députés ne faussait pas le ressort même de l'institution, qui est la pondération exacte des deux éléments ! Mais on établit ouvertement, dans les futurs conseils, la prépondérance des ouvriers en noyant les véritables patrons dans une catégorie d'électeurs et d'éligibles qui comprend, outre les concessionnaires et les administrateurs, non-seulement les ingénieurs des travaux, mais encore les chefs mineurs, les chefs d'ateliers et les surveillants, expressément assimilés aux simples ouvriers par la loi de 1853. Comment les patrons peuvent-ils attendre de semblables tribunaux des décisions équitables ? La juridiction actuelle est évidemment supérieure à celle qu'on nous propose. Donc il faut rester dans le droit commun.

Enfin les *Cahiers de doléances* demandent que la journée de travail soit indistinctement réduite à huit heures, et contiennent, quoique sous une forme un peu plus indécise, le vœu qu'on empêche les compagnies de faire travailler à la tâche. Le premier de ces vœux a passé dans la proposition de MM. Reyneau et Gilliot, dont l'article premier est ainsi conçu : « le travail dans les mines ne pourra excéder huit heures par jour. »

Est-ce bien sérieusement qu'on songerait à supprimer le travail à la tâche ? Cette combinaison, dit-on, favorise les hommes très robustes et très adroits. D'accord : ceux-ci gagnent plus que les autres. Est-ce qu'on peut l'empêcher ? Nous sommes nés inégaux en force connue en intelligence ; le gouvernement qui s'aviserait de redresser, à ce point de vue, l'œuvre du Créateur, échouerait dans sa tentative. Les syndicats, dit-on encore, sont opposés à cette « innovation, » qui ruine, d'après eux, la santé du mineur sans compensation réelle de gain. Si les exploitais se trompent, cela ne regarde qu'eux-mêmes, et l'état s'exagère son devoir s'il se croit obligé de leur apprendre, après l'orthographe et l'arithmétique, le meilleur moyen de faire fortune. Le mineur peut, il est vrai, prodiguer ses forces ; est-ce trop exiger que de lui demander un peu de réflexion ? Dans beaucoup d'autres professions, certains ouvriers sont sollicités vers un travail extraordinaire par le désir d'augmenter les ressources de leur famille. S'ils ne présument pas trop d'eux-mêmes, l'état ne peut pas les arrêter. Mais il peut encore moins débattre avec les uns et les autres la somme de travail que comportent la vigueur de leurs muscles et la souplesse de leurs membres. Ils sont libres et maîtres d'eux-mêmes : laissez-les faire.

Il est tout aussi peu logique de limiter la durée du travail. Voici une de ces erreurs économiques si palpables et si souvent réfutées qu'il est à peine utile de les réfuter encore. L'état garde le droit de régler le travail des enfants, parce qu'ils ne sont pas capables de se défendre contre d'avides et tyranniques exigences. Mais quant aux hommes faits, aptes à débattre eux-mêmes le prix de leurs services, il ne peut intervenir que pour protéger la liberté du travail et des conventions. On a fait, d'ailleurs, observer que le travail des mines a une durée variable selon les conditions dans lesquelles il s'exécute. Depuis trente ans, cette durée, dans le Nord, est de six heures en terrains aquifères, de huit heures pour les travaux qui doivent être poussés activement, tels que travaux de rocher, galeries d'aérage, etc. ; mais, dans les chantiers ordinaires, on permet à l'ouvrier, sur sa demande, un labeur plus long et plus rémunéré : s'il veut et peut faire de meilleures journées, il est insensé de le lui défendre. En fait, dit M. H. Couriot, on peut dire que, dans la plus grande partie des mines françaises, le travail à la journée a une durée de neuf heures, y compris le temps de la descente et de la remonte, ce qui en réduit la durée à huit heures environ. Mais il en serait autrement que les pouvoirs publics n'auraient pas à s'en mêler, ou bien il faudrait leur reconnaître le droit de s'immiscer dans tous les échanges et de tarifer toutes les marchandises. Les *Cahiers de doléances* reprochent vivement à certaines compagnies, du bassin de la Loire, d'encourager le *doublage*, c'est-à-dire d'autoriser les ouvriers à doubler la journée au moins une fois par semaine. Mais il suffit que le « doublage » ne soit pas obligatoire [28] pour que l'état s'abstienne. Encore une fois ni les exploitais ni les ouvriers ne sont ses pupilles : les uns et les autres ont été définitivement émancipés en 1791.

Quand on propose de réduire la durée du travail, on se garde, bien entendu, de proposer une réduction proportionnelle des salaires. Tout paraît légitime tant qu'il ne s'agit que d'appauvrir les exploitais. La production minérale a fait de tels progrès depuis trois quarts de siècle ! Mais, pour apprécier la situation de l'industrie minière, il ne suffit pas de supputer ce qu'elle produit, il faut encore se demander à quelles conditions elle produit. Nous saurons seulement alors si de nouvelles charges ne l'accableraient pas.

On comptait en France, au 1er janvier 1883, 637 concessions de mines de combustibles ; sur ce total, 308 étaient en activité, 329 inexploitées ou abandonnées ; sur les 308 mines en activité, 191 étaient en gain, 117 en perte, de telle sorte que 191 concessions sur 637, ou 30 0/0 seulement des houillères, rapportaient des bénéfices. Si l'on étend la statistique aux concessions de toute mature, au nombre de 1,319, comprenant à la fois les combustibles minéraux et les mines métalliques ou autres, on trouve que 263 concessions seulement, soit 20 0/0, donnaient un gain quelconque. Encore la situation a-t-elle empiré depuis deux ans. La grève d'Anzin n'a pas seulement coûté, pendant une assez longue période, 40,000 francs par jour à la compagnie. Elle a déplacé des courants commerciaux au profit de la Belgique, surtout au profit de l'Allemagne [29], et l'*Economist*, de Londres, a cru pouvoir constater il y a quelques mois, avec une satisfaction mal déguisée, le « dépérissement des puits de la régie. » Une délégation parlementaire s'est rendue à Saint-Etienne dans la première quinzaine d'octobre ; elle y a constaté d'abord la situation précaire de l'industrie houillère. Dans les mines, la réduction du travail était de 20 à 25 0/0 ; on renvoyait dix ouvriers sur cent. Les compagnies houillères du Gard jettent un cri d'alarme. Aux termes d'un rapport fait au conseil général de ce département, dans sa session d'août 1884, 100,000 tonnes de charbon environ, représentant une valeur de plus d'un million, restent entassées sur le carreau des mines ; les compagnies, à bout de ressources, sont amenées à chômer un ou deux jours par semaine ; on évalue à 1,000 le nombre des mineurs dont le travail a été supprimé dans tout le bassin, et 1,200 à 1,500 ouvriers qui viennent chaque année des montagnes de la Lozère, de l'Ardèche et du Gard, chercher du travail pendant l'hiver, ne pourront pas être occupés. « C'est dans un avenir prochain, conclut le rapporteur, une crise désastreuse qui, jointe à celle de la métallurgie, va jeter dans la misère plus de 80,000 personnes, ouvriers ou membres de leurs familles, et dépeupler nos centres industriels. »

Il faut reconnaître, en effet, que notre industrie minière résiste moins bien, de jour en jour, à la concurrence étrangère. Nous ne produisons pas, tant s'en faut, autant que nos rivaux. Voici, par exemple, en ce qui concerne la houille, les résultats comparés de 1877, évalués en millions de tonnes [30]. Angleterre, 137 ; États-Unis, 55 ; Allemagne, 48 ; France, 17 ; Belgique, 14 ; Autriche-Hongrie, 14. Nous produisons donc moins que les Anglais et que les Allemands. Si nous produisons moins et plus cher, la lutte est difficile ; augmentons encore le prix de revient, elle devient impossible.

Or une tonne de houille revenait, dans le bassin de la Loire, en 1807, à 8 fr. 45. Dans les houillères du Pas-de-Calais, vers la même époque, le prix de vente était de 12 fr. 47, le prix de revient était évalué à 9 fr. 57, somme sur laquelle 6 fr. 38, c'est-à-dire 67 0/0, appartenaient au salaire. En 1882, d'après les chiffres statistiques produits en 1884 à la tribune par M. le ministre des travaux publics, le prix moyen de vente n'a baissé que de quelques centimes ; il est de 12 fr. 36. Mais il ne monte qu'à 10 fr. 56 pour l'Angleterre, à 9 fr. 70 pour la Belgique, à 6 fr. 08 pour la Prusse. Encore, d'après les derniers calculs de M. E. Dupont, le prix de la tonne de houille descend-il, en Westphalie, à 4 fr. 80 et même à 4 fr. 26. En outre, la production est, pour 1882, toujours d'après M. le ministre, de 265 tonnes, en France, par ouvrier de fond, tandis qu'elle est, en Angleterre, de 428 tonnes[31] et, en Prusse, de 346 tonnes. Ces chiffres parlent trop haut pour qu'il soit utile d'insister.

Comment expliquer cette infériorité de la production française ? D'abord les houillères de l'Angleterre et de l'Allemagne sont placées dans des conditions géologiques beaucoup plus avantageuses. En France, les dépôts sont généralement enfouis sous des épaisseurs plus grandes, et il faut employer plus d'ouvriers au fonçage des puits, ainsi qu'aux manœuvres pour la montée et la descente ; les terrains sont plus aquifères et il faut plus de travail pour l'épuisement des eaux, ou moins solides, et il faut les soutenir par un boisage plus coûteux[32]. En France, les couches sont moins régulières, moins étendues ; les failles et les fractures plus nombreuses, les changements plus fréquents, les pontes plus grandes, et ces obstacles multiplient les frais nécessaires pour le percement des galeries et pour le roulage ; la houille est plus friable, et il faut plus d'ouvriers pour utiliser la poussière sous forme d'agglomérés ; l'impureté du charbon augmente les manipulations de l'extérieur, et l'on ne peut suppléer que par des installations mécaniques perfectionnées au triage et au lavage des houilles extraites ; enfin la dissémination des petits bassins augmente la main-d'œuvre en ne nous permettant pas d'avoir partout un outillage aussi puissant que celui de nos voisins.

Il faut ajouter à ces causes naturelles et permanentes d'infériorité l'élévation croissante des salaires. En 1865, on estimait le salaire moyen à 5 fr. 90 pour l'ouvrier anglais, à 2 fr. 87 pour le Français, le plus haut salaire et le plus bas à 10 francs et 2 fr. 87 pour le premier, à 6 francs et 1 fr. 50 pour le second. Pourtant l'exploitant anglais ne produisait pas à des conditions désavantageuses, parce que ses ouvriers, s'attaquant à des liions plus productifs et plus faciles à traiter, parvenaient à extraire de beaucoup plus grandes quantités. Mais qu'adviendra-t-il de notre industrie minière si, dans ces conditions générales de production, les salaires français s'élèvent au-dessus des salaires anglais ? Or un journal qui soutient avec persévérance, depuis plusieurs années, les prétentions des mineurs, reconnaît que le salaire *actuel* du mineur de houille français est en moyenne de 3 fr. 76, tandis que celui de l'Anglais est de 3 fr. 74 [33] ! Le salaire moyen du Belge est de 3 francs, celui du Saxon de 2 fr. 22, celui du Prussien de 2 fr. 08 [34].

Aussi l'Allemagne, qui cherche avec une ardeur infatigable de nouveaux débouchés [35], les trouve-t-elle. Elle s'est frayé, l'an dernier, le chemin de nos départements septentrionaux et ne laissera pas se fermer la brèche que nos divisions lui ont ouverte. Secondée par clos tarifs exceptionnellement réduits, elle expulse peu à peu les charbons français de la Suisse et de l'Italie. L'Angleterre, en même temps, nous fait une guerre acharnée sur tout le littoral méditerranéen et, grâce au bas prix du fret, nous déloge des positions autrefois conquises. Marseille, qui consomme annuellement 800,000 tonnes de charbon, en prend 400,000 aux Anglais ; Marseille qui, à moins de 200 kilomètres, trouve des mines inépuisables, demande la moitié de sa consommation à des mines étrangères, situées à plus de 1,500 kilomètres. Cependant nous avons besoin de la houille, non-seulement pendant la paix, mais pendant la guerre. Sans bouille, ni chemins de fer ni bateaux à vapeur : une nation privée de houille et qui va se battre est comme un cheval fourbu qui s'apprête à courir. Aussi commettrions-nous une faute impardonnable en paralysant, en diminuant par des mesures impolitiques la production française, puisque nous pourrions être pris au dépourvu d'un moment à l'autre et que nous nous trouverions à la merci de nos voisins. Il y a, par malheur, quelques Français que ces considérations ne touchent pas, parce que la notion de la patrie s'est effacée de leur esprit et qu'ils opposent, dans leurs conceptions chimériques, l'intérêt de la démocratie universelle à celui de la France. Qu'ils y réfléchissent eux-mêmes : pendant que les exploitants de l'Angleterre et de l'Allemagne continueraient d'améliorer, en s'enrichissant, la condition de leurs ouvriers, nos ouvriers s'appauvriraient avec nos mines et se ruineraient avec elles. La patrie y aurait beaucoup perdu et la démocratie n'y aurait rien gagné.

Notes

1.   Art. 5. Les mines ne peuvent être exploitées qu'en vertu d'un acte de concession délibéré en conseil d'état. — Art. 6. Cet acte règle les droits des propriétaires de la surface sur le produit des mines concédées.

2.   Il en est autrement, bien entendu, des minières et des carrières qui, par leur adhérence presque immédiate au sol, semblent se confondre avec la surface.

3.   Art. 9, 10 et 11 du projet. D'après l'article 9, « le périmètre réservé, de forme rectangulaire, aura une superficie minimum de 21 hectares et une superficie maximum de 100 hectares pour les gîtes d'alluvion, 400 pour ceux de houille et 160 pour les autres. Le petit côté du rectangle ne pourra avoir moins du quart du grand côté. »

4.   Loi du 21 avril 1810, art. 33. Les propriétaires de mines sont tenus de payer à état une redevance proportionnée aux produits de l'extraction.

5.   2,793,301 francs en 1883.

6.   On s'est écarté quelque peu, dans le projet de règlement sur le régime des mines de l'Annam et du Tonkin, des principes auxquels s'était attaché le gouvernement français depuis 1810. Aussi la minorité de la commission a-t-elle, d'après le rapport même de M. Lamé-Fleury, « constamment manifesté la crainte que les conditions fiscales imposées à l'industrie des mines par le projet de règlement, dans les articles 45 (redevance annuelle par hectare variant entre 10 et 20 francs) et 47 (droit de douane sur les produits des mines variant de 3 à 5 pour 100) ne fussent empreinte » de quelque exagération. »

7.   La commission des mines de l'Annam et du Tonkin n'a pas commis cette faute. Voir le rapport de M. Lamé-Fleury.

8.   Constitution de 1793 : Déclaration des droits de l'homme et du citoyen, art. 19.

9.   Ibid., art. 3.

10.   Encore le monopole du commerce du sol, maintenu par la loi de 1865, a-t-il été abrogé par la loi et par le règlement du 9 août 1867.

11.   Plusieurs concessions de l'unité d'étendue de 2,189,000 mètres carrés peuvent être réunies ; on consolide ainsi (art. 41 à 49) un certain nombre de ces concessions pour exploiter dans des conditions plus favorables.

12.   « Le nombre des concessions accordées depuis la loi de

1865 est énorme, lit-on dans le Bulletin de la société de l'industrie minérale, 2e série, t. IV, p. 875. Par exemple, en 1855, la Prusse produisait 3,951,426 tonnes de charbon ; en 1874, elle a produit 31,938,683 tonnes. » Ajoutons : 39,590,000 tonnes en 1878. De même, la production des minerais de fer s'est élevée de 1,400 tonnes (en 1860) à 5,460 tonnes en 1878).

13.　　Placers, sables et alluvions métallifères, minerais de fer des marais, émeri, ocres, scories et terrains métallifères provenant de travaux antérieurs, tourbières, terres alumineuses et magnésiennes, terre à foulon, salpêtre, phosphates de chaux, baryte, spath-fluor, stéatite, kaolin, argiles. La priorité de la requête donne le droit d'obtenir cette sorte de concessions, le superficiaire ayant d'ailleurs trente jours pour exercer son droit de préférence.

14.　　Un décret a été rendu le 25 septembre 1882 en exécution de cette disposition nouvelle.

15.　　Voir la loi prussienne du 24 juin 1865, art. 73, 74, 75 et la loi bavaroise du 20 mars 1869, art. 71, 72, 75.

16.　　, Voir le rapport supplémentaire de M. Alfred Girard à la chambre des députés, annexe, p. 16.

17.　　Voyez la Revue du 1er novembre 1871.

18.　　Chaque caisse particulière est, de même, administrée par des représentants de la compagnie à laquelle elle se rattache et par un nombre au moins égal d'ouvriers élus par leurs camarades, si ce n'est dans les compagnies qui ont pris à leur charge toutes les dépenses de la caisse. Deux administrateurs de chaque caisse, dont l'un pris parmi les ouvriers, sont délégués pour former le conseil de la caisse centrale.

19.　　« Pour alimenter la caisse, lit-on dans un mémoire rédigé en 1884 pur M. Houpeurt, président du conseil de la caisse centrale, il est fait sur le salaire de l'ouvrier une retenue qui varie, suivant les mines, de 2 à 3 pour 100. Sur le produit de cette retenue versée dans la caisse particulière celle-ci prélève la moitié de la somme des dépenses mises de son fait à la charge de la caisse centrale. Les compagnies associées se sont engagées à contribuer de leurs deniers à ces dépenses pour la seconde moitié, pendant toute la durée du contrat ainsi volontairement consenti. En outre, elles subventionnent leurs caisses particulières selon que les besoins l'exigent. »

20.　　Voir la déposition du M. Tranchant devant la commission législative d'enquête (annexe au rapport supplémentaire de M. A. Girard, p. 34). « La caisse centrale peut, en outre, dans des cas déterminés, allouer extraordinairement des secours à des personnes dont l'ouvrier était le soutien. (Même annexe.)

21.　　Cette institution assure : 1° aux blessés et aux malades un secours variant entre 0 fr. 50 et 1 fr. 50 par jour, plus 0 fr. 25 pour la femme et les enfants en bas âge, ainsi que les médicaments et les soins de plusieurs médecins ; 2° aux invalides une pension viagère de 1 franc à 1 fr. 50 par jour ; 3° aux veuves une pension de 0 fr. 75 par jour ; 4° enfin une retraite à tout ouvrier agi de cinquante-cinq ans et ayant un nombre d'années de service tel que, ajouté à ses années d'âge, le total soit de quatre-vingts ans au moins. D'après un rapport lu au conseil général du Gard (session d'août 1881), le montant des pensions proportionnelles et viagères dépasse, pour quelques-uns, 1,000 francs par an ; certaines indemnités de chômage, distribuées aux malades ou aux blessés, atteignent jusqu'à 2 fr. 50 par jour ; une haute paie de 0 fr. 50 et de 0 franc par jour récompense les vingt ou vingt-cinq années de service consacrées au travail de la mine ; enfin les vêtements chauds sont donnés, dans l'hiver, aux ouvriers qui sont dans la gêne.

22.　　En 1878, dit M. E. Dupont, elle avait ainsi en dépôt près de 1 million réparti entre plus de six cents personnes.

23.　　Et « d'une subvention de l'état égale aux trois cinquièmes de la cotisation payée par les adhérents, sans qu'elle puisse excéder 3 francs par mois et par tête. »

24.　　« M. le délégué du Pas-de-Calais déclare que, si c'est le patron qui tient la caisse, les ouvriers du Pas-de-Calais ne verseront pas. » (Annexe au rapport supplémentaire de M. A. Girard, p. 11.)

25.　　Voir l'Industrie des mines devant le parlement, par M. H. Couriot, p. 26 à 28.

26.　　« Le salut du pays est dans l'union, dans la solidarité du patron et de l'ouvrier. » (Cahiers de doléances, p. 111.)

27.　　Toutefois M. Guary a déclara devant la commission d'enquête quo, depuis cinq ana, sur seize mille ouvriers occupés par la compagnie d'Anzin, cinq avaient fait des procès.

28.   Le doublage n'est pas obligatoire, sauf le cas de nécessité ou d'accident. (Cahiers de doléances, p. 56.)

29.   On écrivait de Denain, le 20 mars 1884 : « Les charbons étrangers nous envahissent ; chaque jour, on a le cœur serré à la vue de centaines de wagons jaunes et rouges qui nous encombrent de charbons allemands, vite réexpédiés sur la ligne de Paris par la compagnie du Nord. »

30.   Bulletin du ministère des travaux publics, 1881, p. 319. La production de la houille s'est élevée dans notre pays, anthracite et lignite comprises, à 20,603,704 tonnes en 1882, à 21,460,199 tonnes en 1883.

31.   En divisant le chiffre de l'extraction par le nombre des ouvriers, disait déjà M. de Ruolz, on trouve 313 tonnes par tête et par an en Grande-Bretagne, 169 en France. Par un autre calcul, le même savant arrivait à fixer le rendement quotidien, en 1872, à 647 kilogrammes pour l'ouvrier français, à 1,134 kilogrammes pour l'ouvrier anglais, le premier produisant ainsi 57 pendant que le second produit 100. Voir l'intéressant rapport fait en 1877 à l'Académie des Sciences morales sur les trois volumes de M. de Ruolz, par M. Levasseur, et la Revue du 1er octobre 1876.

32.   En Angleterre, la dépense de ce dernier article ne dépasse jamais 0 fr. 20 par tonne de houille extraite ; en France, elle varie de 0 fr. 75 à 1 fr. 50.

33.   Voir le Capitaliste du 26 mars 1884.

34.   Même article. D'après les chiffres produits à la tribune par M. le ministre des travaux publics, le salaire moyen du mineur, pour 1882, était en Belgique de 3 fr. 077 et variait en Silésie de 2 fr. 69 pour les piqueurs et 1 fr. 78 pour les routeurs à 1 fr. 74 pour les autres ouvriers.

35.   Par exemple la récente assemblée des actionnaires des charbonnages de Dahlbusch accuse pour 1883 un bénéfice de plus de 3 millions, dont un tiers seulement est distribué et deux tiers sont destinés « à ouvrir des débouchés nouveaux à l'étranger, »

ISBN : 978-1981866489